Blitzküche mit ALDI

W0085794

Das Buch

Blitzschnell, preiswert oder gesund? In Sachen Ernährung muss das keine schwere Entscheidung sein: Mit Aldi können Sie alles haben. Lassen Sie sich überraschen, was für leckere Schnellgerichte sich aus Aldi-Produkten zubereiten lassen! In diesem Buch finden Sie über 200 Rezepte für die moderne Küche – unterteilt nach der Zubereitungsdauer. So können Sie festlegen, ob Sie für das schmackhafte Mittagessen 5 Minuten oder eine halbe Stunde investieren wollen. Oder ob das Abendessen nach einem gelungenen Tag in nur 15 Minuten bereitet sein soll. Für Schinken-Spargel-Röllchen zum Beispiel brauchen Sie nicht mehr als 5 Minuten und Mexikanische Kartoffelpuffer können nach nur 15 Minuten verführerisch duftend serviert werden. Blitzküche mit Aldi – preiswert, gesund und jetzt auch noch schnell!

Der Autor

Wolfgang Elsner ist freischaffender Journalist in Hamburg. Er arbeitet vor allem in den Bereichen Ernährung und Gesundheit.

In unserem Hause ist von Wolfgang Elsner bereits erschienen:
Schlank und fit mit ALDI

Wolfgang Elsner

Blitzküche mit ALDI

Gesunde Gerichte
schnell und einfach zubereitet

Econ Taschenbuch Verlag

Econ Taschenbuch Verlag 2000
Der Econ Taschenbuch Verlag ist ein Unternehmen der
Econ Ullstein List Verlag GmbH & Co. KG, München
Originalausgabe
© 2000 by Econ Ullstein List Verlag GmbH & Co. KG, München
Lektorat: Michael Lenzen
Umschlagkonzept: Büro Meyer & Schmidt, München –
Jorge Schmidt
Titelkonzept und Umschlaggestaltung: Petra Soeltzer, Düsseldorf
Titelabbildung: Bavaria, München
Satz: DTP/Walleitner
Druck und Bindearbeiten: Ebner Ulm
Printed in Germany
ISBN 3-612-20673-7

Inhalt

ALDI – billiger geht's nicht!

Wie wird man der reichste Mann Europas? Nein, nicht mit Börsenspekulationen oder dubiosen Anlagegeschäften. Es geht auch anders: indem man Millionen Menschen mit Tiefstpreisen erfreut. Wie Theo Albrecht, der sich dank seines Lebensmittelkonzerns Aldi zum reichsten Mann Europas emporgearbeitet hat. Mehr als 22 Milliarden Mark soll er besitzen. Das meldete die angesehene Londoner Zeitschrift »EuroBusiness« im Dezember 1999.

Aber auch Theos Bruder, Karl Albrecht, hat ein beträchtliches Vermögen angesammelt. Doch keiner regt sich darüber auf. Denn was die beiden Männer geschafft haben, ist einzigartig: Nirgendwo werden Lebensmittel und andere hochwertige Güter des täglichen Bedarfs billiger angeboten als bei Aldi!

1962 gründeten die beiden Lebensmittelhändler nach amerikanischem Vorbild ihren ersten **Al**brecht-**Di**scountladen »Aldi«. Heute gibt es über 3200 Aldi-Filialen in Deutschland. Obwohl alle gleich ausgestattet sind, unterscheiden sie sich doch, weil die Albrecht-Brüder ihre Märkte in zwei Gruppen aufgeteilt haben: Bei Aldi-Nord (gibt es von Flensburg bis etwa zur Main-Linie) von Theo Albrecht werden rund 700 Erzeugnisse angeboten, Aldi-Süd (vom Main bis zum Bodensee) von Karl Albrecht verkauft etwa 600 Artikel. Das Grundsortiment ist gleich, jedoch kann es Abweichungen bei der Frischware geben, weil sie von Lieferanten aus der näheren Umgebung bezogen wird.

Wie aber gelingt es dem Konzern, die Waren viel billiger als die Konkurrenz anzubieten? Schließlich stellt Aldi – abgesehen vom Kaffee »Markus« – die Erzeugnisse nicht selbst her, sondern bezieht die Ware (wie die meisten Lebensmittelketten) von etlichen Produzenten. Trotzdem läuft es bei Aldi anders, denn:

> Aldi ordert für sein Grundsortiment keine Markenartikel. Obwohl von gleicher Qualität, werden die für Aldi produzierten Waren mit anderen – recht phantasievollen – Namen (z. B. »Dorfglück«, »Klostergarten«, »Rote Kuh«) versehen. So müssen die Markenhersteller gegenüber den herkömmlichen Supermärkten kein schlechtes Gewissen haben, wenn ihre Erzeugnisse bei Aldi viel preiswerter verkauft werden.

> Bei Aldi gilt: So wenig gleiche oder ähnliche Artikel wie notwendig. Das schlägt sich in günstigen Preisen nieder, denn durch den Verzicht auf eine Riesenauswahl kann Aldi jeden einzelnen Artikel in großen Mengen zum günstigsten Preis beziehen.

> Aldi verzichtet auf dekorative Warenpräsentation. Vielmehr werden Massenartikel wie Mehl, Zucker, Getränke, Waschmittel auf den beim Hersteller gepackten Paletten zum Verkauf angeboten.

> Aldi kann billig verkaufen, weil die Kunden »mitspielen«: Sie verzichten auf jeden Luxus und akzeptieren die zweckmäßige Ausstattung. Obendrein haben viele Aldi-Märkte große Parkflächen, die ein bequemes Einkaufen ermöglichen.

> Aldi gibt eine Qualitätsgarantie: Gefällt einem Kunden die Ware nicht, kann er sie zurückbringen. Der Kaufpreis wird ihm dann ohne jede Diskussion erstattet.

> Aldi hat ein perfekt geschultes Personal. Zwar bilden sich hin und wieder lange Schlangen vor den Kassen, aber die lösen sich bald auf, weil die Kassierer(innen) – wie eine Untersuchung ergab – am schnellsten und korrektesten eintippen.

Denn aufs Tempo kommt es heute an. Nicht nur bei Aldi, auch in unserem täglichen Leben. Zeit ist kostbar – und so haben wir immer weniger Lust, lange in der Küche zu stehen, um ein leckeres Essen zu kochen. Da greifen wir lieber zu Fertig- oder

Halbfertiggerichten. Oder lassen uns vom Pizza-Service das Essen ins Haus liefern.

Tatsächlich schmecken solche Mahlzeiten eine Weile gar nicht so schlecht, doch irgendwann hängen sie uns zum Halse heraus. Und die Lust, trotz Zeitmangel selbst etwas zu kochen, wächst wieder. Also ist ein Großeinkauf angesagt.

Was aber ist, wenn dann das Haushaltsbudget knapp bemessen ist? Kein Problem – es gibt ja Aldi! Denn mit dem Sortiment dieser Discountkette lassen sich viele leckere Mahlzeiten zubereiten, die in null Komma nichts fertig sind und trotzdem gut schmecken. Probieren Sie's aus. Auf den folgenden Seiten finden Sie tolle Rezepte, die ausschließlich Aldi-Produkte enthalten und leicht und blitzschnell nachzukochen sind. Die Palette reicht von einfachen Snacks bis zu köstlichen Gerichten – für Singles, Paare und die ganze Familie.

Zunächst einmal:
die Vorratskammer

Im Folgenden ist eine Liste mit abgepackten, fertigen oder tief-
gekühlten Produkten zusammengestellt, die Sie als Grundlage
für die schnelle Aldi-Küche zur Hand haben sollten. Vieles da-
von werden Sie ohnehin im Haus haben. Prüfen Sie nur von
Zeit zu Zeit nach, was verzehrt wurde – und füllen Sie die Vor-
räte auf.

Getreideprodukte
1 Pckg. Mehl (Goldähren, 1000 g)
1 Pckg. Knäckebrot (Goldähren)
1 Pckg. Zwieback (Goldähren)
1 Pckg. Haferflocken (Remiga, 500 g)
1 Pckg. Semmelbrösel
1 Pckg. Reis (parboiled, 500 g)
1 Pckg. Spagetti (Alino oder Aurum, 250 g)

Milchprodukte
1 l frische Milch oder H-Milch (Milsani)
1 Pckg. H-Sahne (Milsani)
1 Pckg. Kondensmilch (Milsani)

Öle und Fette
1 Pckg. Butter (250 g)
1 Pckg. Halbfettmargarine (Looping, 250 g)
*1 Pckg. Sonnenblumenmargarine (Bellasan oder Butella,
500 g)*
1 Fl. Olivenöl (Lorena, 750 ml)

1 Fl. Sonnenblumenöl (Bellasan oder Butella, 1000 ml)

Fertigprodukte
1 Dose Ananas (Golden Pagoda, 850 ml)
1 Dose Mandarinen (Golden Fruit, 314 ml)
1 Dose Sauerkraut (Klostergarten, 810 ml)
1 Dose Brechbohnen (King's Crown, 850 ml)
1 Glas Champignons (iska oder King's Crown, 314 ml)
1 Glas Gewürzgurken (Klostergarten, 720 ml)
1 Glas Erbsen und Möhren (Gartenkrone, 720 ml)
1 Glas Stangenspargel (iska oder Solana, 370 ml)
1 Dose Himbeeren (King's Crown oder Sterngold, 410 ml)
1 Dose Thunfisch in Wasser
1 Glas flüssiger Honig (Goldland oder Imker)
1 Glas Konfitüre (Grandessa oder Tamara)
1 Pckg. Instant-Brühe (Pulver oder Würfel, Pottkieker)
1 Pckg. Sultaninen (200 g)
1 Pckg. Walnusskerne (200 g)
1 kg Zucker (Diadem)
1 Pckg. Wiener Würstchen (frisch: Gut drei Eichen oder Dose Excelsior)

Gewürze
Basilikum (Portland, getrocknet)
1 Fl. Essig (Burgmarke oder delicato)
1 Pckg. Jodsalz
1 Pckg. Currypulver (Portland)
1 Pckg. Kümmel (Portland)
1 Pckg. Oregano (Portland, getrocknet)
1 Pckg. Knoblauch
1 Pckg. Muskatnuss (Portland)
1 Pckg. Paprika edelsüß (Portland)
1 Pckg. Pfeffer weiß und schwarz (Portland)
1 Glas Tafelsenf (Heiden)

1 Pckg. Süßstoff (Süssli)
1 Pckg. Tomatenmark (Lorado, 200 g)
1 Zitronensaft (Citrovin, 100 ml)
1 Pckg. Vanillinzucker (Albona)

Getränke
Kaffee (Markus)
Tee
Karottensaft mit Honig (deleg, 330 ml)
Orangensaft (Fruchtoase mit Fruchtfleisch, 750-ml-Flasche)
Mineralwasser

Im Tiefkühlfach
1 Pckg. Hähnchenbrustfilets (Gut Weissenhaus, 750 g)
1 Pckg. gemischtes Hackfleisch (500 g)
8-Kräutermischung (Champs d'Or, gefriergetrocknet)
1 Pckg. Petersilie (Champs d'Or, gefriergetrocknet)
1 Pckg. Schnittlauch (Champs d'Or, gefriergetrocknet)
1 Pckg. Dill (Champs d'Or, gefriergetrocknet)

Abkürzungen
El = Esslöffel, Tl = Teelöffel, Msp. = Messerspitze, l = Liter,
ml = Milliliter, Pckg. = Packung, Fl. = Flasche.

Ofentemperaturen

Schwache Hitze =	120 – 160 ° C
Mittlere Hitze =	160 – 200 ° C
Starke Hitze =	200 – 250 ° C

Alle Zutatenmengen sind – wenn nicht anders angegeben – für
eine Person gedacht.

5-Minuten-Rezepte: ALDI-Superschnell

Kochanleitungen für Speisen, für deren Zubereitung Sie höchstens fünf Minuten benötigen.

Fixe Frühstückssnacks

Bananenquark mit Haferflocken
Zutaten:
125 g Sahnequark
1 El Schmant (Rote Kuh)
1 gestr. El Haferflocken (Remiga)
1 El Honig (Goldland oder Imker)
1 Banane
geriebene Zitronenschale

Den Quark mit dem Schmant, der abgeriebenen Zitronenschale und dem Honig verrühren. Die geschälte Banane in Scheiben schneiden und unter den Quark heben. Haferflocken darüber streuen.
Zubereitungszeit: 5 Minuten.

Bananen-Hafermüsli

Zutaten:
50 g Knusper-Müsli
1 Banane
1 Apfel
1/8 l Milch oder 150 g fettarmer Jogurt
1 – 2 Tl Honig (Goldland oder Imker)

Die Bananen schälen, in Scheiben schneiden, den Apfel grob raspeln. Die Müsli-Mischung mit der Milch oder dem Jogurt verrühren. Die Bananen und den Apfel locker unterheben und mit Honig süßen.
Zubereitungszeit: 5 Minuten.

Camembert-Frühstück

Zutaten:
0,25 l Apfelsinensaft
2 Scheiben Knäckebrot (Goldähren)
1 Tl Butter
30 g Camembert (Bergpracht)
1 Becher probiotischer Jogurt (BI'AC, 150 g)

Die Knäckebrote mit Butter bestreichen und mit Camembert belegen. Dazu einen Becher Jogurt und 1/8 l Apfelsinensaft genießen.
Zubereitungszeit: 5 Minuten.

Frühstück für Eilige
Zutaten:
1 Brötchen
1 Tl Butter
1 Tomate (ca. 80 g)

Das Brötchen mit Butter bestreichen. Tomate waschen, in Scheiben schneiden (Stielansatz entfernen!). Die Scheiben auf das Brötchen legen.
Zubereitungszeit: 3 Minuten.

Fruchtbecher und Käsebrot
Zutaten:
150 g probiotischer Jogurt (BI'AC, 150 g)
100 g Mandarinenschnitze (Golden Fruit)
10 g Konfitüre (Grandessa oder Tamara)
1 Scheibe Vollkornbrot
1 Tl Butter
20 g Edamer (Hochland)

Den Jogurt mit der Konfitüre verrühren, die abgetropften Mandarinenschnitze darunter mischen. Das Brot mit Butter bestreichen, den Käse darauf legen.
Zubereitungszeit: 5 Minuten.

Honigmelone mit Lachsschinken
Zutaten:
1/4 Honigmelone
40 g Lachsschinken (Norderland)
Das Melonenviertel in Scheiben schneiden. Den Lachsschinken gleichmäßig über die Melonenscheiben verteilen.
Zubereitungszeit: 3 Minuten.

Knusper-Flakes
Zutaten:
1 Tl Honig (Goldland oder Imker)
1 El Haselnusskerne
1/4 l frische oder H-Milch (Milsani)
50 g Cornflakes

Die Haselnusskerne klein hacken. Den Honig in einer Pfanne
bei leichter Hitze zerlaufen lassen. Haselnusskerne hinzugeben
und rösten. Die Milch in einen tiefen Teller gießen, Cornflakes
dazugeben und die gerösteten Nüsse drüberstreuen.
Zubereitungszeit: 5 Minuten.

Kornmüsli mit Backpflaumen
Zutaten:
6 Backpflaumen
2 El Haferflocken (Remiga)
100 ml H-Milch
1 Tl Honig (Goldland oder Imker)

Die Haferflocken mit der Milch und dem Honig verrühren. Die
Backpflaumen zerkleinern und darunter mischen.
Zubereitungszeit: 3 Minuten.

Schlemmer-Frühstück

Zutaten:
1 Becher probiotischer Jogurt (BI'AC, 150 g)
100 g Mandarinen (Golden Fruit)
1 Scheibe Vollkornbrot
1 Tl Butter
1 El Konfitüre (Grandessa oder Tamara)
1 Ei

Das Ei weich kochen. In der Zwischenzeit die Brotscheibe mit Butter und Konfitüre bestreichen. Den Jogurt mit den abgetropften Mandarinenschnitzen vermengen.
Zubereitungszeit: 5 Minuten.

Schnelle Imbisse

Festtagssuppe
Zutaten:
1 Dose Festtagssuppe (finesse, 425 ml)
Den Inhalt der Dose in einen Topf geben und erhitzen.
Zubereitungszeit: 4 Minuten.

Kalte Jogurtsuppe
Zutaten:
150 g Jogurt
1 El H-Sahne (Milsani)
100 ml kalte Instant-Brühe (Pulver oder Würfel, Pottkie-ker)
Kümmel (Portland)
Jodsalz, weißer Pfeffer (Portland)
Zitronensaft (Citrovin)

Den Jogurt mit einem Schneebesen in einer Schüssel cremig schlagen. Sahne und Instant-Brühe unterrühren. Mit Kümmel würzen, mit Zitronensaft, Salz und Pfeffer abschmecken.
Zubereitungszeit: 5 Minuten.

Knoblauch-Garnelen
Zutaten:
150 g Riesengarnelenschwänze (TK-Ware – aufgetaut)
1 Knoblauchzehe
3 El Olivenöl (Lorena)
1/2 Zitrone
1/2 Tl Petersilie (Champs d'Or, gefriergetrocknet)
Chilipulver

Die Knoblauchzehe abziehen und in kleine Scheiben schneiden. Das Öl in einer Pfanne erhitzen und den Knoblauch kurz darin dünsten. Anschließend die aufgetauten und abgetrockneten Garnelenschwänze etwa 3 Minuten unter stetigem Wenden braten. Dabei die Petersilie unterrühren und 1 Msp. Chilipulver zugeben. Die Zitronenhälfte in Schnitze zerteilen und zu den Garnelen servieren.
Zubereitungszeit: 5 Minuten.

Krabbentoast mit Mandarinen
Zutaten:
2 Scheiben Toastbrot (Goldähren)
30 g Frischkäse (Bayernland oder Norderland)
30 g Krabben
8 Mandarinenschnitze (Golden Fruit)
1 Tl Mayonnaise (delicato oder Lorado)
Pfeffer (Portland)
evtl. 1/2 Tl 8-Kräutermischung (Champs d'Or,
gefriergetrocknet)

Die getoasteten Brotscheiben mit Frischkäse bestreichen. Die Mandarinenschnitze gut abtropfen lassen, mit den Krabben vermischen und alles auf den Toastscheiben verteilen. Je 1/2 Tl Mayonnaise darüber geben, mit Pfeffer würzen. Wer mag, kann den Krabbentoast mit je 1 Msp. 8-Kräutermischung bestreuen.
Zubereitungszeit: 5 Minuten.

Mozzarella-Toast
Zutaten:
1 Scheibe Toastbrot (Goldähren)
50 g Mozzarella (Valfiorita)
1 Tl 8-Kräutermischung (Champs d'Or, gefriergetrocknet)
schwarzer Pfeffer (Portland)

Den Mozzarella in Scheiben schneiden. Die Brotscheibe toasten und mit dem Käse belegen. Kräuter und nach Geschmack Pfeffer darüber streuen.
Zubereitungszeit: 5 Minuten.

Omelettsuppe
Zutaten:
1/4 l Instant-Brühe (Pulver oder Würfel, Pottkieker)
1 kleines fertiges Omelett
1 Tl Schnittlauch (Champs d'Or, gefriergetrocknet)

Die Fleischbrühe zum Kochen bringen. Derweil das Omelett in Streifen schneiden, in die Brühe geben und kurz ziehen lassen. Anschließend die Suppe mit Schnittlauch würzen.
Zubereitungszeit: 5 Minuten.

Schinken-Spargel-Röllchen
Zutaten:
1 Scheibe gekochter Hinterschinken (Gut Drei Eichen)
1/4 Glas Stangenspargel (Solano oder iska)
25 g Mayonnaise (delicato oder Lorado)
1 Tomate (ca. 60 g)
Petersilie (Champs d'Or, gefriergetrocknet)

Die Schinkenscheibe (muss fest sein, darf nicht zerfallen) mit Mayonnaise bestreichen. Den Spargel darauf legen und zusammenrollen. Mit Tomatenachteln, Mayonnaisetupfern garnieren, Petersilie darüber streuen.
Zubereitungszeit: 5 Minuten.

Spargeltoast
Zutaten:
1 Scheibe Toastbrot (Goldähren)
1/2 Ei
1 El Butter
5 Stangen bereits gekochter Spargel
1 Gewürzgurke (Gartenkrone)
1/2 Scheibe Schmelzkäse (Hochland)
1/2 Tl Paprika edelsüß (Portland)
1 Tl Petersilie (Champs d'Or, gefriergetrocknet)

Die Brotscheibe nur leicht antoasten, in dem halben verquirlten Ei wenden und in der Butter braten. Die Gewürzgurke in Scheiben schneiden. Das Toastbrot mit den Spargelstangen und der halben Scheibe Schmelzkäse belegen. Darauf die Gurkenscheiben, Paprika und Petersilie geben. Im bei mittlerer Hitze vorgeheizten Backofen nur so lange garen, bis der Käse leicht angebräunt ist.
Zubereitungszeit: 5 Minuten.

Tomatencremesuppe
Zutaten:
1 Dose Tomatencremesuppe (finesse, 425 ml)
Die Tomatencremesuppe in einen Topf geben und erhitzen.
Zubereitungszeit: 4 Minuten.

Eilige Eierspeisen

Gefülltes Ei
Zutaten:
1 hart gekochtes Ei
1 Tl Tafelsenf (Heiden)
1/2 Tl Essig (Burgmarke oder delicato)
1/2 Tl Sonnenblumenöl (Bellasan oder Butella)
Jodsalz
1 Msp. Paprika edelsüß (Portland)
1 Scheibe Vollkornbrot

Das hart gekochte Ei halbieren. Dotter herauslösen und mit Senf, Essig, Salz, Öl und Paprikapulver verrühren. In die Eihälften füllen. Mit Vollkornbrot servieren.
Zubereitungszeit: 5 Minuten.

Lachsbrot mit Ei
Zutaten:
1 hart gekochtes Ei
2 Scheiben geräucherter Lachs
1/2 Tl Schnittlauch (Champs d'Or, gefriergetrocknet)
1 Tl Butter
1 Scheibe Vollkornbrot

Das Brot mit Butter bestreichen. Den Lachs darauf legen. Das Ei in Scheiben schneiden und ebenfalls darauf legen. Mit Schnittlauch bestreuen.
Zubereitungszeit: 3 Minuten.

Rotwein-Ei

Zutaten:
1 frisches Ei
1 Tl Zitronensaft (Citrovin)
1 El Rotwein
1 Tl Zucker (Diadem)
Jodsalz

Das ganze Ei verquirlen. Rotwein, Zitronensaft, Zucker und nur ein paar Körnchen Salz hinzufügen und noch mal kräftig schlagen, bis alles schaumig ist.
Zubereitungszeit: 3 Minuten.

Spiegelei mit Schinken

Zutaten:
40 g Lachsschinken (Norderland)
2 Eier
1 Scheibe Vollkornbrot
1 Tl Butter
1 Tomate

Den Lachsschinken ohne Fettrand in Streifen schneiden. In einer beschichteten Pfanne leicht anrösten. Darauf die Eier zu Spiegeleiern braten. Auf die dünn mit Butter bestrichene Scheibe Vollkornbrot legen. Die Tomate vierteln (Stielansatz entfernen!) und mit dem Spiegelei-Brot servieren.
Zubereitungszeit: 5 Minuten.

Spiegelei mit Vollkornbrot

Zutaten:

1 Scheibe Vollkornbrot
2 Eier
1 Tl Butter
1 Tl Sonnenblumenmargarine (Bellasan oder Butella)
1 Tomate

Das Ei mit der Margarine in einer beschichteten Pfanne zum Spiegelei braten. Auf die mit Butter bestrichene Brotscheibe legen. Die Tomate vierteln (Stielansätze entfernen!) und mit dem Spiegeleibrot servieren.
Zubereitungszeit: 5 Minuten.

Flinke Fleisch- und Geflügelgerichte

Brot mit Geflügelwurst
Zutaten:
1 Scheibe Vollkornbrot
1 Tl Butter
50 g Salatgurke
5 Radieschen
50 g Geflügelwurst
1/2 Tl Petersilie (Champs d'Or, gefriergetrocknet)

Die Brotscheibe mit Butter bestreichen. Die Gurke waschen, trockenreiben und in Scheiben schneiden. Radieschen waschen, putzen und in Spalten schneiden. Geflügelwurst, Gurke und Radieschen auf dem Brot verteilen. Petersilie darüber geben.
Zubereitungszeit: 5 Minuten.

Leberkäse mit Champignons und Ei
Zutaten:
1 hart gekochtes Ei
1 Scheibe Leberkäse
2 frische Champignons
1 Scheibe Toastbrot (Goldähren)
1 Tl Butter

Die Brotscheibe toasten, mit Butter bestreichen und mit dem Leberkäse belegen. Das Ei und die Champignons in Scheiben schneiden. Zuerst die Eischeiben, dann die Champignonscheiben auf den Leberkäse legen.
Zubereitungszeit: 3 Minuten.

Putenbrot mit Apfel

Zutaten:

50 g gekochte Putenbrust
1 Tl Sonnenblumenmargarine (Bellasan oder Butella)
1 Scheibe Vollkornbrot
1/4 Salatgurke
1/2 Apfel
weißer Pfeffer (Portland)

Gurke und Apfel schälen, den Apfel entkernen. Beides in Scheiben schneiden. Die Brotscheibe mit Margarine bestreichen. Die Putenbrust in Scheiben schneiden und das Brot damit belegen. Anschließend die Apfel- und Gurkenscheiben darüber verteilen und nach Geschmack mit Pfeffer würzen.
Zubereitungszeit: 4 Minuten.

Putenbrot mit Tomaten

Zutaten:

1/2 Grapefruit
1 Scheibe Vollkornbrot
1 Tl Butter
1 Scheibe geräucherte Putenbrust (ca. 80 g)
1 Tomate
1/4 Gurke

Das Fruchtfleisch mit einem spitzen Messer aus der Grapefruithälfte lösen. Die Brotscheibe mit Butter bestreichen und die Putenbrust darauf legen. Die Tomate in Scheiben schneiden (Stielansatz entfernen!). Gurke in 12 dünne Scheiben schneiden. Tomaten- und Gurkenscheiben auf die Putenbrust legen. Mit einem Teelöffel das Fruchtfleisch aus der Grapefruit essen.
Zubereitungszeit: 5 Minuten.

Schweinefilet für die schlanke Linie

Zutaten:
1 Schweinefilet (ca. 150 g)
1 Scheibe Vollkornbrot
1 El Sonnenblumenöl (Bellasan oder Butella)
Jodsalz
1 Knoblauchzehe

Das Schweinefilet mit der Knoblauchzehe einreiben, salzen und 2 Minuten auf jeder Seite in Öl braten. Auf der Brotscheibe anrichten.
Zubereitungszeit: 5 Minuten.

Steak auf Toast

Zutaten:
1 Rindersteak (tiefgekühlt)
1 El Sonnenblumenöl (Bellasan oder Butella)
Salz, schwarzer Pfeffer (Portland)
1 Scheibe Toastbrot

Das Steak aufgetaut beidseitig kräftig mit Öl einreiben. In heißem Öl pro Seite 2 bis 3 Minuten braten. Nach Geschmack salzen, pfeffern und mit dem Toastbrot servieren.
Zubereitungszeit: 5 Minuten.

Kalte Küche

Brötchen mit pikantem Frischkäse

Zutaten:

3 Radieschen
1 Zwiebel (etwa 50 g)
75 g Frischkäse (Bayernland oder Norderland)
Salz, weißer Pfeffer (Portland)
1 Brötchen

Die Zwiebel schälen, die Radieschen waschen. Beides fein würfeln. Frischkäse und je 1 Msp. Salz und Pfeffer zufügen. Das Brötchen halbieren und alles darauf verteilen.
Zubereitungszeit: 5 Minuten.

Gouda-Knäcke

Zutaten:

2 Scheiben Knäckebrot (Goldähren)
1 Tl Butter oder Halbfettmargarine (Looping)
2 Scheiben Goudakäse (Oberalp)
2 mittelgroße Tomaten (je 80 g)
1 Tasse Milch (ca. 200 g)

Knäckebrote mit Butter oder Halbfettmargarine bestreichen und Goudascheiben drauflegen. Tomaten in Scheiben schneiden (Stielansätze entfernen!) und auf den Käse legen. Dazu 1 Tasse Milch servieren.
Zubereitungszeit: 5 Minuten.

Handkäs mit Musik
Zutaten:
100 g Harzer Käse (Hüttenberger)
2 Scheiben Knäckebrot (Goldähren)
1 Zwiebel (ca. 40 g)
1 Tl Essig (Burgmarke oder delicato)
1 Tl Sonnenblumenöl (Bellasan oder Butella)

Den Harzer Käse in kleine Scheiben schneiden und auf die Knäckebrot-Scheiben legen. Die Zwiebel fein würfeln, darüber streuen. Mit Essig und Sonnenblumenöl beträufeln.
Zubereitungszeit: 5 Minuten.

Doppeltes Käsebrot
Zutaten:
1 Scheibe Vollkornbrot (ca. 50 g)
30 g Frischkäse (Bayernland oder Norderland)
1/2 Tl Petersilie (Champs d'Or, gefriergetrocknet)
1/2 Tl Schnittlauch (Champs d'Or, gefriergetrocknet)
1 Scheibe Chesterkäse (Hochland)
1 Msp. Paprika edelsüß (Portland)

Den Frischkäse mit Schnittlauch und Petersilie mischen. Auf die Scheibe Vollkornbrot streichen und mit der Chesterkäsescheibe belegen. Mit Paprikapulver würzen.
Zubereitungszeit: 5 Minuten.

Käsebrötchen mit Weintrauben
Zutaten:
1 Brötchen
1 Tl Butter
50 g Esromkäse
6 Weintrauben
weißer Pfeffer (Portland)

Das Brötchen halbieren und beide Hälften mit Butter bestreichen. Den Käse in Scheiben schneiden und ebenfalls auf die Brötchenhälften legen. Etwas Pfeffer darüber streuen. Die Weintrauben waschen und halbieren. Auf den Brötchenhälften verteilen.
Zubereitungszeit: 4 Minuten.

Käseblitztoast mit Senf
Zutaten:
1 Scheibe Toastbrot (Goldähren)
1 Scheibe gekochter Hinterschinken (Gut Drei Eichen)
1 El mittelscharfer Tafelsenf (Heiden)
1 Ananasring (Dosenware, Golden Pagoda)
1 Scheibe Goudakäse (Oberalp)

Die Scheibe Brot toasten, mit Senf bestreichen. Ananas, Schinken und Käse darauf legen und im vorgeheizten Bakkofen (200°C) überbacken, bis der Käse goldgelb ist. Sofort verzehren, weil sonst der Käse hart und zäh wird.
Zubereitungszeit: 5 Minuten.

30

Kiwi-Brot mit Camembert

Zutaten:
1 Scheibe Vollkornbrot
1 Tl Butter
30 g Camembert (Bergpracht)
1 Kiwi
evtl. etwas Blattsalat

Die Scheibe Vollkornbrot mit Butter bestreichen. Nach Wunsch mit etwas Blattsalat belegen. Den Camembert in Scheiben schneiden. Kiwi schälen, ebenfalls in Scheiben schneiden. Beides auf dem Brot verteilen.
Zubereitungszeit: 5 Minuten.

Maissalat mit Cocktaildressing

Zutaten:
1 Dose Maiskörner (King's Crown)
2 El Mayonnaise (delicato oder Lorado)
1 Tl Tomatenketchup (delicato oder Lorado)
1 Spritzer Zitronensaft (Citrovin)
1 Spritzer flüssige Würze
1 Tl Kräuteressig (Tonoli)
Jodsalz, schwarzer Pfeffer (Portland)

Den Mais in einem Sieb abtropfen lassen. Derweil die Mayonnaise mit 2 El warmem Wasser und den übrigen Zutaten gründlich verrühren. Die Mischung über den Mais gießen und alles in ein Schälchen geben.
Zubereitungszeit: 5 Minuten.

Angemachter Schafskäse
Zutaten:
100 g Schafskäse (Devina Feta)
1/2 kleine Zwiebel
etwas Kümmel (Portland)
1 Tl Butter
2 Scheiben Vollkornbrot

Die feingehackte Zwiebel und den Kümmel mit einer Gabel unter den Käse mischen. Keine weiteren Gewürze zufügen, weil sonst der typische Schafskäse-Geschmack verfälscht wird. Die Brotscheiben mit Butter bestreichen und zum Käse servieren.
Zubereitungszeit: 3 Minuten.

Gekochter Schinken auf Brot
Zutaten:
1 Scheibe Bauernbrot
1 Tl Butter oder Halbfettmargarine (Looping)
1 Scheibe (ca. 30 g) gekochter Hinterschinken (Gut Drei Eichen)

Die Brotscheibe mit Butter oder Margarine bestreichen, mit der Schinkenscheibe belegen.
Zubereitungszeit: 3 Minuten.

Schinkenaspik auf Brot
Zutaten:
1 Scheibe Bauernbrot
1 Tl Halbfettmargarine (Looping)
1 Scheibe gekochter Schinken in Aspik
Jodsalz, weißer Pfeffer (Portland)

32

Die Brotscheibe mit der Margarine bestreichen. Die Scheibe Schinken drauflegen und nach Geschmack mit Salz und Pfeffer würzen.
Zubereitungszeit: 3 Minuten.

Schinkenbrot mit Harzer

Zutaten:
1 Scheibe Vollkornbrot
1 Tl Butter
2 Scheiben Lachsschinken (Norderland)
50 g Harzer Käse (Hüttenberger)
5 Radieschen
Jodsalz, weißer Pfeffer (Portland)
125 g fettarmer Jogurt

Die Brotscheibe mit Butter bestreichen. In der Mitte zerschneiden und je eine Hälfte mit Schinken, die andere mit Harzer Käse belegen. Nach Geschmack pfeffern und salzen. Dazu die gewaschenen Radieschen und den Jogurt servieren.
Zubereitungszeit: 5 Minuten.

Schinkenbrot mit Käse

Zutaten:
1 Scheibe Bauernbrot
1 El dänischer Frischkäse mit Schnittlauch (Flora Danica)
50 g Lachsschinken (Norderland)
1 Gewürzgurke (Gartenkrone), weißer Pfeffer (Portland)

Die Brotscheibe mit Frischkäse bestreichen. Den Schinken drauflegen. Die Gewürzgurke in kleine Scheiben schneiden und auf dem Schinken verteilen. Nach Geschmack pfeffern.
Zubereitungszeit: 3 Minuten.

33

Schinkenbrot mit Kiwi

Zutaten:
1 Scheibe Bauernbrot
1 Tl Butter oder Halbfettmargarine (Looping)
50 g Lachsschinken (Norderland)
1 Kiwi
1 Tomate
Jodsalz, Pfeffer (Portland)

Die Brotscheibe mit Butter oder Margarine bestreichen, den Schinken drauflegen. Die Tomate waschen, entkernen und achteln (Stielansatz entfernen!). Die Kiwi schälen und in Scheiben schneiden. Anschließend die Tomatenachtel und Kiwischeiben auf dem Brot verteilen, nach Geschmack mit Salz und Pfeffer würzen.
Zubereitungszeit: 5 Minuten.

Schinken-Knäckebrot

Zutaten:
2 Scheiben Knäckebrot (Goldähren)
1 Tl Butter
50 g Schwarzwälder Schinken
1 Tl Schnittlauch (Champs d'Or, gefriergetrocknet)
schwarzer Pfeffer (Portland)

Die Knäckebrote mit Butter bestreichen. Den Schinken darauf verteilen. Mit Schnittlauch und Pfeffer bestreuen.
Zubereitungszeit: 3 Minuten.

Seemanns-Schwarzbrot
Zutaten:
1 Scheibe Vollkornbrot
1 Tl Butter
1 Salatblatt
2 Matjesfilets
Petersilie (Champs d'Or, gefriergetrocknet)
Zitronensaft (Citrovin)
schwarzer Pfeffer (Portland)
1/2 Apfel, 1/2 Zwiebel

Das Vollkornbrot mit Butter bestreichen und das gewaschene
Salatblatt darüber legen. Die Apfel- und Zwiebelhälfte in Ringe
schneiden. Die Matjesfilets auf die Brotscheibe legen, die Zwie-
bel- und Apfelringe darauf verteilen. Mit Pfeffer und Petersilie
bestreuen, danach mit Zitronensaft beträufeln.
Zubereitungszeit: 5 Minuten.

Tomaten mit Mozzarella
Zutaten:
2 Tomaten
100 g Mozzarella (Valfiorita)
Jodsalz, weißer Pfeffer (Portland)
3 Tl Olivenöl (Lorena)
Basilikum (Portland, getrocknet)

Die Tomaten waschen, Stielansätze entfernen und in Scheiben
schneiden. Den Käse ebenfalls in Scheiben schneiden,
anschließend die Mozzarella- und Tomatenscheiben auf einem
Teller dachziegelartig anrichten. Nach Geschmack salzen, pfeffern und mit Olivenöl beträufeln. Zum Schluss Basilikum darüber streuen.
Zubereitungszeit: 5 Minuten.

Unverzichtbare Küchenhelfer

Das Angebot an nützlichen, aber auch überflüssigen Küchenwerkzeugen ist fast unüberschaubar. Hier eine Liste jener Geräte, die wiederholt bei den Aldi-Aktionstagen (mittwochs) angeboten werden und die Sie zum Kochen wirklich brauchen:

<u>Messer:</u> ein **kleines Küchenmesser** zum Schneiden, Schälen und Putzen von Obst und Gemüse. Ein **großes Küchenmesser** mit breiter Klinge zum Hacken von Zwiebeln, Zerteilen von Gemüse und Wiegen von Kräutern. Ein scharfes **Fleischmesser** zum Aufschneiden von Fleisch, Wurst und Schinken.

<u>Löffel:</u> Unterschiedlich lange **(Holz-)Kochlöffel** zum Umrühren von Suppen, Soßen, Pürees sowie Gemüse. **Schöpflöffel** in verschiedenen Größen zum Suppenschöpfen oder Soßendosieren. Ein **Schaumlöffel** oder eine **Schaumkelle** zum Herausheben und Abtropfen von Nudeln, Klößen und Gemüse sowie zum Abschöpfen des Schaums von der Brühe.

<u>Diverses:</u> Der **Dosenöffner** gehört zu den wichtigsten Küchengeräten. **Bratenwender** für Bratkartoffeln, Steaks, Schnitzel und Fisch. Verschiedene **Schneebesen** zum Aufschlagen von Cremes, Soßen und Eischnee. Robuster **Schlagbesen** für Teig und feste Massen. **Rohkostraspel** für Salate, Gemüse, Kartoffeln. **Käsereiber** für Hartkäse. **Muskatreibe** für frisch geriebenen Muskat. **Knoblauchpresse** für die beliebten Zehen.

Kunststoffbretter sind pflegeleicht und nehmen keine Gerüche an. Ein **großes Küchensieb** zum Abgießen von Nudeln und Gemüse. **Kleines Sieb**, um Puderzucker über den Kuchen zu stäuben. **Messbecher**, wenn es bei schwierigen Rezepten auf jedes Gramm ankommt.
Handrührgerät mit Haken und Quirlen sowie ein **Pürierstab** zum Zubereiten von Suppen, Desserts oder Drinks.

15-Minuten-Rezepte: ALDI-Fix

Die Zubereitung der folgenden Mahlzeiten dauert nicht länger als eine Viertelstunde.

Allerlei mit Ei

Brot mit Ei und Lachs
Zutaten:
1 Ei
2 Scheiben Räucherlachs
2 Scheiben Vollkornbrot
1 Tl Butter oder Halbfettmargarine (Looping)
evtl. 2 Salatblätter
1 Tl Schnittlauch (Champs d'Or, gefriergetrocknet).

Das Ei hart kochen, mit kaltem Wasser abschrecken und etwas abkühlen lassen. Brotscheiben mit Butter oder Halbfettmargarine bestreichen.
Nach Wunsch mit etwas Salat belegen. Das Ei pellen, vierteln und mit dem Lachs auf den Brotscheiben verteilen. Mit Schnittlauch bestreuen.
Zubereitungszeit: 15 Minuten.

Eier im Glas
Zutaten:
2 Eier
1 Scheibe Toastbrot (Goldähren)
1/8 l Karottensaft mit Honig (deleg)
Jodsalz, Pfeffer (Portland)

Die Eier weich kochen, schälen und in ein Glas geben. Mit etwas Salz und Pfeffer bestreuen. Kräftig umrühren. Mit Toastbrot und Karottensaft servieren.
Zubereitungszeit: 7 Minuten.

Eier-Pilz-Tomaten
Zutaten:
60 g frische Champignons
1 Tl Butter
2 Eier
Jodsalz, schwarzer Pfeffer (Portland)
1/2 Tl Petersilie (Champs d'Or, gefriergetrocknet)
2 Tomaten

Die Champignons putzen, waschen und in Scheiben schneiden. In heißer Butter etwa 10 Minuten gar dünsten. Die Eier verquirlen, mit Salz und Pfeffer würzen und mit Petersilie vermischen. Über die Pilze gießen und unter Rühren stocken lassen. Von den gewaschenen Tomaten kleine Deckel abschneiden und die Tomaten aushöhlen. Anschließend das Champignon-Rührei in die Tomaten füllen.
Zubereitungszeit: 15 Minuten.

Eiersalat

Zutaten:

2 hart gekochte Eier
1/2 Glas Champignons (iska oder King's Crown)
3 Scheiben gekochter Hinterschinken (Gut Drei Eichen)
1 kleine Zwiebel
1 Tomate (ca. 80 g)
1 El Mayonnaise (delicato oder Lorado)
1 El H-Sahne (Milsani)
Jodsalz, weißer Pfeffer (Portland)
1 Prise Zucker (Diadem)
1/2 Glas Stangenspargel (iska oder Solano)

Die geschälten Eier in Scheiben oder Achtel zerteilen. Die abgetropften Champignons in kleine Scheiben schneiden. Eine Scheibe Schinken würfeln. Eier, Champignons und Schinken mit Mayonnaise und Sahne vermischen, mit Salz, Pfeffer und Zucker abschmecken. Die Tomate vierteln, die Zwiebel in kleine Stücke zerschneiden und hinzugeben. Spargel auf die beiden Schinkenscheiben verteilen und einrollen. Spargelrollen zum Salat servieren
Zubereitungszeit: 15 Minuten.

Kloster-Eier

Zutaten:

2 Eier
3 Tl Sonnenblumenmargarine (Bellasan oder Butella)
2 Brötchen
3 Tl Milch
Jodsalz, weißer Pfeffer (Portland)
Muskatnuss (Portland)
Petersilie (Champs d'Or, gefriergetrocknet)
Schnittlauch (Champs d'Or, gefriergetrocknet)

40

Die Eier mit der Milch, etwas Salz und Pfeffer sowie einer Prise Muskatnuss kräftig verquirlen. Brötchen in Würfel schneiden und in einer Pfanne mit 2 Tl Margarine golden anrösten. Danach noch 1 Tl Margarine hinzugeben und die verquirlte Eimasse übergießen.

Solange die Masse noch flüssig ist, die Kräuter (nach Geschmack) überstreuen. Saftig stocken lassen.

Zubereitungszeit: 12 Minuten.

Omelett mit Spinat und Blauschimmelkäsesoße

Zutaten für 1 Omelett:

2 Eier
1 Prise Salz
2 El Butterschmalz (Butaris)
50 g Blauschimmelkäse (Lys Bleu)
2 El H-Sahne (Milsani)
2 El Sherry (La Caridad)
50 g Rahmspinat (Eskimo, tiefgekühlt)
1 El Butterschmalz (Butaris)
Jodsalz, Pfeffer (Portland)

Den Blauschimmelkäse mit einer Gabel fein zerdrücken und mit der Sahne und dem Sherry verrühren. Die Eier verschlagen und salzen. Das Butterschmalz in einer Pfanne erhitzen, die Eimasse dazugeben und stocken lassen. Das Omelett auf einen vorgewärmten Teller gleiten lassen. Butterschmalz in einer zweiten Pfanne erhitzen, den aufgetauten Rahmspinat hineingeben, nach 2 bis 3 Minuten mit Salz und Pfeffer würzen. Die Käsesoße und den Spinat zum Omelett servieren.

Zubereitungszeit: 15 Minuten.

Orangenomelett
Zutaten:
2 Eier
Schale einer viertel Orange
2 El Orangensaft (Fruchtoase mit Fruchtfleisch)
1 Tl Mehl (Goldähren)
50 g Zucker (Diadem)
Jodsalz
1 El Grand Marnier
Puderzucker (Diadem)

Das Eiweiß von den Eigelben trennen. Die Eigelbe mit der abgeriebenen Schale einer viertel Orange, dem Orangensaft, Mehl, Zucker und einer winzigen Prise Salz gut schaumig schlagen. Anschließend das Eiweiß steif schlagen und vorsichtig unter die Eigelbmasse ziehen. Bei mittlerer Hitze die Butter in der Pfanne schmelzen lassen und die Teigmasse hinzugeben. Omelett zusammenklappen, mit Grand Marnier beträufeln und mit Puderzucker bestreuen. Sofort genießen.
Zubereitungszeit: 15 Minuten.

Süßes Rührei
Zutaten:
2 Eier
1 Tl Sonnenblumenmargarine (Bellasan oder Butella)
2 El Milch
Jodsalz
50 g Sultaninen
1 Tl Zucker (Diadem)

Die Eier mit Milch und einer Prise Salz verquirlen. Die gewaschenen und abgebrühten Sultaninen darunter geben. Die Margarine in die Pfanne geben und alles zu einem locker-safti-

42

gen Rührei stocken lassen. Anschließend mit Zucker bestreuen.
en.
Zubereitungszeit: 10 Minuten.

Rührei mit Champignons
Zutaten:
2 Eier
1 El Butter
200 g frische Champignons
1 El Schnittlauch (Champs d'Or, gefriergetrocknet)
Jodsalz
1 Scheibe Vollkornbrot

Die Champignons gut waschen, würfeln und in der Butter weich dünsten. Die Eier aufschlagen, verquirlen, mit etwas Salz würzen und über die Pilze geben. Unter vorsichtigem Rühren die Eimasse stocken lassen. Anschließend mit Schnittlauch überstreuen und mit dem Vollkornbrot servieren.
Zubereitungszeit: 15 Minuten.

Rührei und Paprika auf Brot
Zutaten:
1 Scheibe Vollkornbrot
1 Tl Butter
1 Paprikaschote (etwa 150 g)
1 Ei
1 Tl Basilikum (Portland, getrocknet)
Salz, weißer Pfeffer (Portland)
evtl. etwas Blattsalat

Die Brotscheibe mit Butter bestreichen. Paprikaschote waschen, halbieren, Trennwände herausschneiden, danach würfeln. In einer beschichteten Pfanne kurz anbraten. 2 El Wasser dazugeben, Paprika ca. 5 Minuten dünsten. 1 El Wasser, Ei, Salz und Pfeffer verschlagen. Zur Paprika geben. Eimasse stocken lassen. Bestrichenes Brot evtl. mit Salat belegen und das Rührei darauf geben. Mit Basilikum bestreuen. Das Rührei schmeckt warm und kalt.
Zubereitungszeit: 15 Minuten.

Rührei mit Schinken
Zutaten:
2 Eier
50 g gekochter Hinterschinken (Gut Drei Eichen)
1 Tl Sonnenblumenmargarine (Bellasan oder Butella)
2 El Milch
1/2 Tl Schnittlauch (Champs d'Or, gefriergetrocknet)
Jodsalz, weißer Pfeffer (Portland)

Den Schinken in Würfel oder in Streifen schneiden. Margarine in einer Pfanne erhitzen und den Schinken darin 2 Minuten anbraten. Die Eier mit Milch, Salz, Pfeffer verquirlen und die Masse über den angebratenen Schinken gießen. Unter leich-

44

tem Rühren stocken lassen, dann mit Schnittlauch bestreuen.
Zubereitungszeit: 15 Minuten.

Rührei mit Schmelzkäse
Zutaten:
2 Eier
1 Tl Magerquark
1 El Mineralwasser
Jodsalz, weißer Pfeffer (Portland)
1 gestr. Tl Schnittlauch (Champs d'Or, gefriergetrocknet)
1 gestr. Tl Petersilie (Champs d'Or, gefriergetrocknet)
1/2 Ecke Schmelzkäse (Hochland)
2 Tomaten (je 80 g)

Quark und Mineralwasser gut miteinander verquirlen. Eier
beifügen. Mit Salz, Pfeffer und Schnittlauch vermischen. Danach den in kleine Würfel geschnittenen Schmelzkäse zugeben. Die Tomaten in Scheiben schneiden (Stielansätze entfernen!). Eine beschichtete Pfanne erhitzen und die Eimasse
hineingeben. Ohne Fett bei mittlerer Hitze das Rührei bereiten, dabei gelegentlich die Masse vom Pfannenrand schollenar-
tig in die Pfanne schieben. Vor dem Servieren mit Petersilie
überstreuen und mit Tomatenscheiben garnieren.
Zubereitungszeit: 15 Minuten.

Senfeier-Salat
Zutaten:
2 Eier
1 1/2 El Magerquark
1 El Mineralwasser
Tafelsenf (Heiden)
Jodsalz
Zitronensaft
einige Blätter Eisbergsalat
Schnittlauch (Champs d'Or, gefriergetrocknet)
1 Scheibe Vollkornbrot

Die Eier hart kochen und hacken. Magerquark mit Mineralwasser verrühren, mit Senf, Salz und etwas Zitronensaft abschmecken und unter die Eier geben. Mit Schnittlauch bestreuen und auf Salatblättern anrichten. Dazu eine Scheibe Vollkornbrot servieren.
Zubereitungszeit: 15 Minuten.

Topfenpalatschinken
Zutaten:
1 Ei
5 El frische Milch oder H-Milch
2 EL Mehl
1 Tl Butter
250 g Magerquark
Vanillinzucker (Albona)
Jodsalz
etwas abgeriebene Zitronenschale

Einen Teig aus dem Ei, 4 El Milch, Mehl und etwas Salz zubereiten. Mit der Butter in einer beschichteten Pfanne zwei dünne Pfannkuchen backen. Den Quark mit Vanillinzucker

46

und etwas abgeriebener Zitronenschale glatt rühren und auf die Pfannkuchen streichen. Diese aufrollen, mit 1 El Milch übergießen und im vorgeheizten Ofen überbacken.
Zubereitungszeit: 15 Minuten.

Zwiebelomelett

Zutaten:
100 g Zwiebeln
2 El Sonnenblumenöl (Bellasan oder Butella)
2 Eier
1 El geriebener Emmentaler (Oberalp)
Jodsalz, weißer Pfeffer (Portland)
Muskatnuss (Portland)

Die Zwiebeln schälen und in feine Scheiben schneiden. 1 El Öl in die Pfanne geben und die Zwiebelscheiben bei mäßiger Hitze weich und goldgelb dünsten. Die Eier verquirlen, den Emmentaler und je 1 Msp. Salz, Pfeffer und Muskatnuss dazugeben. Anschließend den zweiten El Öl in die Pfanne geben, nur wenig erhitzen, die Eimasse hineingießen. Gleichmäßig verteilen und bei kleiner Hitze auf beiden Seiten goldgelb backen.
Zubereitungszeit: 12 Minuten.

Nudeln und Mehlspeisen

Apfelpfannkuchen
Zutaten:
3 El Mehl (Goldähren)
1 Ei
5 El Milch
2 El Quark (40 %)
Jodsalz
Süßstoff (Süssli)
abgeriebene Zitronenschale
1 Apfel
1 Tl Sonnenblumenöl (Bellasan oder Butella)

Mehl, Ei, Milch, Quark, Salz, Süßstoff und die Zitronenschale in einer Schüssel verrühren. Den Apfel schälen, vierteln und das Kerngehäuse entfernen. Apfelviertel in Scheiben schneiden. Das Öl in einer beschichteten Pfanne erhitzen und die Apfelscheiben darin andünsten. Dann die Teigmasse zugeben und von beiden Seiten braunbraten.
Zubereitungszeit: 15 Minuten.

Kaiserschmarrn
Zutaten:
2 Eier
1 El Zucker (Diadem)
1 Tasse frische Milch oder H-Milch
60 g Mehl (Goldähren)
1 El Sultaninen
1 Prise Jodsalz
1 Tl Butter
1 Tl Puderzucker

Eigelbe vom Eiweiß trennen. Das Eigelb mit dem Zucker schaumig schlagen, danach Milch, Mehl, die Sultaninen und eine winzige Prise Salz unterrühren. Jetzt das Eiweiß steif schlagen und behutsam unter die Eimasse heben. Die Butter in einer Pfanne erhitzen und den Teig wie ein Omelett backen – jedoch nach dem Umdrehen sofort mit einer Gabel zerpflücken und nur noch kurz backen. Danach alles auf einen Teller geben und mit Puderzucker überstreuen.
Zubereitungszeit: 10 Minuten.

Süße Nudeln mit Banane
Zutaten:
80 g Nudeln
1/2 Becher H-Sahne (Milsani)
8 Haselnüsse
1 Tl Honig (Goldland oder Imker)
1 mittelgroße Banane
1 kleine Orange

Die Nudeln nach Packungsanweisung garen. Die Nüsse zerhacken und in einer Pfanne ohne Fett anrösten. Die Hälfte der Sahne und den Honig dazugeben, etwas einkochen. Die Banane schälen und in Scheiben schneiden, die Orange abschälen und in Stücke schneiden. Alles in die Sahnesauce geben und erwärmen. Die restliche Sahne steif schlagen und untermischen. Die Nudeln mit der Sauce servieren.
Zubereitungszeit: 15 Minuten.

Ravioli mit Spiegelei

Zutaten:
1/4 Dose Ravioli
3 Tl Olivenöl (Lorena)
2 Eier
Jodsalz, weißer Pfeffer (Portland)
Basilikum (Portland, getrocknet)
1 El geriebener Emmentaler (Oberalp)

Die Ravioli in einem Topf bei mäßiger Hitze erwärmen. Das Olivenöl in einer Pfanne erhitzen, die Eier hineinschlagen und bei milder Hitze stocken lassen. Nach Geschmack mit Salz, etwas Pfeffer und Basilikum würzen. Die Ravioli auf einem Teller verteilen und den geriebenen Emmentaler darüber streuen. Die Spiegeleier darauf legen.
Zubereitungszeit: 10 Minuten.

Spagetti mit Nudelsoße

Zutaten:
125 g Spagetti (Alino oder Aurum)
1 Tl Olivenöl (Lorena)
200 ml Nudelsoße Bolognese (Primo, Glas 400 ml)

Die Spagetti in ca. 1/2 l kochendes Salzwasser legen, das Öl dazu geben und die Nudeln nach Anleitung garen. Gleichzeitig die Nudelsoße in einem Topf erwärmen. Wenn die Spagetti bissfest sind, abtropfen lassen und auf einem Teller verteilen. Die Soße darüber geben.
Zubereitungszeit: 15 Minuten.

Leckeres aus Fleisch und Geflügel

Bacon and Eggs
Zutaten:
100 g Bauchspeck
2 Eier
Jodsalz, weißer Pfeffer (Portland)
1/2 Tl Schnittlauch (Champs d'Or, gefriergetrocknet)
1 Scheibe Toastbrot (Goldähren)

Den Speck in Scheiben schneiden und in der Pfanne ausbrutzeln lassen. Die Eier vorsichtig in die Pfanne schlagen und bei abgeschalteter Hitze langsam stocken lassen. Mit Salz und Pfeffer nach Geschmack würzen. Mit einem breiten Heber auf einen Teller legen. Mit einem Esslöffel das ausgelassene Fett aus der Pfanne nehmen und über das Eigelb gießen. Mit Schnittlauch bestreuen und mit dem gerösteten Toast servieren.
Zubereitungszeit: 10 Minuten.

Bunter Fleischsalat

Zutaten:

100 g gekochter Hinterschinken (Gut Drei Eichen)
1 kleine Gewürzgurke (Gartenkrone)
1/2 Apfel (ca. 50 g)
25 g Mayonnaise (delicato oder Lorado)
1 Spritzer Zitronensaft (Citrovin)
1 Tl Gurkenwasser
Jodsalz, schwarzer Pfeffer (Portland)

Den Schinken und die Gewürzgurke in dünne Scheiben schneiden. Den geschälten und entkernten halben Apfel in Stifte zerteilen und mit etwas Zitronensaft beträufeln. Die Mayonnaise
mit dem Gurkenwasser verrühren und zusammen mit den
Schinken- und Gurkenscheiben und den Apfelstiften in einer
Schüssel gut vermischen. Kräftig mit Salz und Pfeffer würzen.
Zubereitungszeit: 15 Minuten.

Hackfleisch mit Banane

Zutaten:

100 g gemischtes Hackfleisch (tiefgefroren)
1 kleine Zwiebel
1 El Butter
1 kleine Banane
1/2 Tl Currypulver (Portland)
1 Tl geriebener Gouda (Oberalp)

Die Zwiebel schälen und in Scheiben schneiden. Butter erhitzen, Zwiebelringe darin andünsten, das Hackfleisch zugeben
und 5 Minuten mitbraten. Die Banane in Scheiben schneiden,
in die Pfanne geben und erhitzen. Darüber Curry streuen. Den
geriebenen Gouda-Käse darüber geben und schmelzen lassen.
Zubereitungszeit: 15 Minuten.

Hähnchenaspik auf Brot mit Möhren-Apfel-Rohkost
Zutaten:
1 Scheibe Vollkornbrot
1 Tl Butter
1 kleine Möhre (ca. 75 g)
1 Apfel (ca. 100 g)
weißer Pfeffer (Portland)
60 g Hähnchenfleisch in Aspik (Drei Eichen)

Das Brot mit Butter bestreichen. Möhre und Apfel schälen, vom Apfel das Kerngehäuse entfernen und beides grob raspeln. Mit Zitronensaft und Pfeffer abschmecken. Das Hähnchenaspik und die Möhren-Apfel-Rohkost auf dem Brot verteilen.
Zubereitungszeit: 10 Minuten.

Hähnchenbrustfilets mit Toast
Zutaten:
2 Hähnchenbrustfilets (Gut Weissenhaus, tiefgekühlt)
Öl
1 Scheibe Toastbrot
1/2 Tl Butter

Öl in einer Pfanne erhitzen. Die tiefgefrorenen Hähnchenbrustfilets zugeben und von jeder Seite ca. 3 Minuten goldbraun braten. Zugedeckt bei mittlerer Hitze weitere 3 bis 5 Minuten garen. Die Toastscheibe rösten, mit Butter bestreichen und mit den Hähnchenbrustfilets servieren.
Zubereitungszeit: 8 Minuten.

Knusprige Hähnchenbrustspieße

Zutaten:
200 g Hühnerbrust-Filet (Gut Weissenhaus, tiefgekühlt)
125 g Butterschmalz (Butaris)
1 Tl Tafelsenf (Heiden)
Jodsalz
weißer Pfeffer (Portland)
1 Tl Paprika edelsüß (Portland)
Muskat
Zitronensaft (Citrovin)
mittellange Holzspieße

Die aufgetauten Filets unter fließend kaltem Wasser abbrausen, mit Küchenpapier trockentupfen. Dann die Hühnerbrüstchen quer in 2 cm breite Streifen schneiden, pfeffern und salzen. Die eine Hälfte mit Senf würzen, die andere mit Paprika edelsüß und Muskat gleichmäßig bestreuen. Nun werden die Filets auf Holzspieße gesteckt. Das Butterschmalz in einem hohen Topf erhitzen. Die gewürzten Geflügelspieße nacheinander 4 Minuten goldgelb ausbacken. Mit einem Schaumlöffel herausnehmen und auf einem mit Küchenpapier ausgelegten Teller abtropfen lassen. Zuletzt die fertigen Hühnerbrustspieße mit Zitronensaft beträufeln.
Zubereitungszeit: 18 Minuten.

Jägersteak mit Pfifferlingen

Zutaten:
1 Rindersteak (tiefgefroren, ca. 150 g)
1/2 Tl Thymian (Portland, getrocknet)
1 El Sonnenblumenöl (Bellasan oder Butella)
Jodsalz
1/2 Tl Petersilie (Champs d'Or, gefriergetrocknet)
100 g Pfifferlinge (Südheide)

54

1/2 Zwiebel
1 El Sonnenblumenmargarine (Bellasan oder Butella)
1 Scheibe Toastbrot (Goldähren)

Die Pfifferlinge gut abtropfen lassen, die großen halbieren. Die geschälte Zwiebelhälfte fein würfeln. Margarine im Topf erhitzen, Zwiebelwürfel darin anbraten. Pilze dazugeben, etwas salzen, im geschlossenen Topf 10 bis 12 Minuten dünsten. Derweil das Steak mit Thymian einreiben. In der Pfanne im erhitzten Öl auf jeder Seite etwa 3 Minuten braten. Jeweils nach dem Wenden salzen. Das fertige Steak auf eine vorgewärmte Platte legen, Pfifferlinge darüber geben, mit Petersilie überstreuen. Dazu eine Scheibe geröstetes Toastbrot servieren. Zubereitungszeit: 15 Minuten.

Hamburger Kluftsteak
Zutaten:
1 Rindersteak (tiefgefroren, ca. 150 g)
2 El Sonnenblumenöl (Bellasan oder Butella)
Jodsalz, schwarzer Pfeffer (Portland)
1 kleine Zwiebel
1 Ei
2 Tl Butter
1 Scheibe Vollkornbrot

Das Öl in einer Pfanne erhitzen, das Steak hineinlegen und von beiden Seiten braten. Auf eine vorgewärmte Platte legen, mit Salz und Pfeffer würzen. Die Zwiebel in Ringe schneiden, im Bratensatz goldgelb dünsten und über das Steak geben. In einem Tl Butter ein Spiegelei braten und dieses auf das Steak legen. Das Brot mit der restlichen Butter bestreichen und zum Steak servieren.
Zubereitungszeit: 12 Minuten.

Lachsschinken und Mandarine auf Knäckebrot

Zutaten:
2 Scheiben Knäckebrot (Goldähren)
1 El Butter
1 Mandarine
6 Scheiben Lachsschinken (Norderland)
1 Zwiebel

Die Knäckebrote mit Butter bestreichen. Die frische Mandarine schälen, halbieren und in Scheiben schneiden. Mandarine und Lachsschinken auf dem Knäckebrot verteilen. Die Zwiebel schälen und in Ringe schneiden. Auf die belegten Knäckebrotscheiben geben. Zubereitungszeit: 10 Minuten.

Putenbrust mit Radieschen

Zutaten:
200 g geräucherte Putenbrust
10 Radieschen
2 El Schmant (Rote Kuh)
1 Tl Essig (Burgmarke oder delicato)
Jodsalz, weißer Pfeffer (Portland)
Tafelsenf (Heiden)
1 Scheibe Vollkornbrot

Die Radieschen in dünne Scheiben schneiden. Essig mit Schmant verrühren, mit Pfeffer und Salz abschmecken, über die Radieschenscheiben geben. Die nicht zu dünnen Putenbrustscheiben mit etwas Senf bestreichen und auf das Vollkornbrot legen.
Zubereitungszeit: 10 Minuten.

Rindersteak mit Meerrettich-Butter

Zutaten:

150 g Rindersteak
1 1/2 Tl Butter
1 Tl Sonnenblumenöl (Bellasan oder Butella)
Jodsalz, schwarzer Pfeffer (Portland)
1 Tl geriebener Meerrettich
1 Scheibe Vollkornbrot

Das Steak salzen, pfeffern und in dem Öl von beiden Seiten 2 bis 3 Minuten braten. Die Butter mit dem Meerrettich verrühren, kühl stellen und vor dem Anrichten auf das Fleisch geben. Das Vollkornbrot mit 1/2 Tl Butter bestreichen und zum Steak servieren.
Zubereitungszeit: 15 Minuten.

Fisch und andere Meeresfrüchte

Fischerfrühstück
Zutaten:
1 Ei
1 El Butter
50 g Nordseekrabben
Jodsalz
1 Tl Schnittlauch (Champs d'Or, gefriergetrocknet)
1 Scheibe Toastbrot (Goldähren)

Das Ei mit 1 Tl Butter in einer beschichteten Pfanne unter Rühren braten. Die Krabben zugeben, bevor die Eimasse aufstockt. Nach Belieben salzen. Die Toastscheibe rösten, mit der restlichen Butter bestreichen und mit dem Rührei belegen. Mit Schnittlauch bestreuen.
Zubereitungszeit: 10 Minuten.

Fischfilet mit Käse überbacken
Zutaten:
200 g Seelachsfilet (Almare, tiefgekühlt)
1 El Olivenöl (Lorena)
Jodsalz, weißer Pfeffer (Portland)
2 Scheiben Schmelzkäse (Hochland)
1 Msp. Paprika edelsüß (Portland)
1 Msp. Oregano (Portland, getrocknet)
1 Scheibe Vollkornbrot
1/2 Tl Butter

Das Öl mit Salz, Pfeffer, Paprikapulver und Oregano vermischen. Das aufgetaute Fischfilet damit auf beiden Seiten bestreichen, von jeder Seite etwa 3 Minuten grillen. Dann den

Schmelzkäse darauf legen und auf dem Filet verlaufen lassen. Das Vollkornbrot mit 1/2 Tl Butter bestreichen und zum Fischfilet servieren.
Zubereitungszeit: 15 Minuten.

Einfacher Fischsalat (ideales Reste-Essen)
Zutaten:
125 g gekochter Fisch (Kabeljau oder Seelachs)
30 g Mayonnaise (delicato oder Lorado)
1/2 kleine Gewürzgurke (Gartenkrone)
1/2 kleine geschälte Zwiebel
1/2 Apfel
1 kleine Tomate
Jodsalz
Tafelsenf (Heiden)
1 winzige Prise Zucker (Diadem)
Zitronensaft (Citrovin)
Kondensmilch (Milsani)

Zunächst werden die Fischreste mit reichlich Zitronensaft beträufelt. Anschließend die Mayonnaise mit der fein gehackten Gewürzgurke, der fein gewürfelten Zwiebel und der geschälten und gewürfelten Apfelhälfte mischen. Mit den Gewürzen und noch etwas Zitronensaft fein abschmecken. Falls die Masse zu steif gerät, mit etwas Kondensmilch – so viel wie erforderlich – schlank rühren. Die Tomate in Scheiben schneiden (Stielansatz entfernen!), die Scheiben in die Masse geben und die Fischstücke darunter heben.
Zubereitungszeit: 15 Minuten.

Geräucherte Forelle mit Meerrettich
Zutaten:
1 Scheibe Vollkornbrot
1 Tl Halbfettmargarine (Looping)
1 kleine Tomate
1 kleine Zwiebelhälfte
2 geräucherte Forellenfilets
50 g Magerquark
1 El H-Sahne (Milsani)
Jodsalz, weißer Pfeffer (Portland)
1 Tl geriebener Meerrettich
1 Salatblatt

Die Brotscheibe mit Margarine bestreichen und das gewaschene Salatblatt darauf legen. Die gewaschene Tomate achteln (Stielansatz entfernen!), die Zwiebel in Ringe schneiden. Jetzt die Forellenfilets auf dem Brot verteilen und die Tomatenachtel und Zwiebelringe darauf legen. Den Quark mit der Sahne verrühren, mit Salz und Pfeffer würzen und den Meerrettich untermischen. Die Creme über die Forellenfilets geben.
Zubereitungszeit: 15 Minuten.

Garnelenschwänze im Bierteig
Zutaten:
100 g Riesengarnelenschwänze (tiefgekühlt)
Zitronensaft (Citrovin)
20 g Mehl (Goldähren)
1 Ei
Sonnenblumenöl (Bellasan oder Butella) zum Ausbacken
Jodsalz
1/2 Tasse helles Bier (Karlsquell)

Die Garnelenschwänze mit Zitronensaft beträufeln, einziehen lassen. Inzwischen für den Bierteig das Mehl mit einem halben Eigelb verrühren. 1 Tl Öl und 1 kleine Prise Salz dazugeben und das Bier hineinrühren. Ein halbes Eiweiß steif schlagen und unter den Teig ziehen. Die Garnelenschwänze im Teig wenden und sofort in heißem Sonnenblumenöl etwa 2 Minuten goldbraun backen.
Zubereitungszeit: 15 Minuten.

Kabeljaufilets mit Petersilienbutter
Zutaten:
1 Scheibe Vollkornbrot
200 g Kabeljaufilet (SeaMaster, tiefgekühlt)
3 El Butter
1 gestr. Tl Petersilie (Champs d'Or, gefriergetrocknet)
1/2 Tl Zitronensaft (Citrovin)
Jodsalz und weißer Pfeffer (Portland)

Das Kabeljaufilet auf beiden Seiten reichlich salzen und pfeffern. Zudecken und kaltstellen Währenddessen die Petersilienbutter zubereiten: Die Butter cremig rühren, Petersilie und Zitronensaft hinzufügen und nach Geschmack mit Salz und Pfeffer würzen. Das Fischfilet auf beiden Seiten mit einer kleinen Menge Petersilienbutter bestreichen, dann auf ein Stück Alufolie legen und auf mittlerer Hitze im vorgeheizten Backofen auf jeder Seite 6 bis 8 Minuten grillen, bis der Fisch gar ist. Die übrige Petersilienbutter darüber anrichten. Mit einer Scheibe Vollkornbrot servieren.
Zubereitungszeit: 25 Minuten.

Krabben mit Maissalat

Zutaten:

1/2 Dose Maiskörner (King's Crown)
1/2 rote Paprikaschote
1 große Tomate (ca. 150 g)
100 g Krabben
2 El Olivenöl (Lorena)
1 Tl Kräuteressig (Tonoli)
1 El Orangensaft (Fruchtoase mit Fruchtfleisch)
Jodsalz, weißer Pfeffer (Portland)
1 Prise Zucker (Diadem)
Paprika edelsüß (Portland)
1 Tl Butter
1 Scheibe Vollkornbrot

Die Maiskörner abtropfen lassen, die geputzte Paprikahälfte würfeln. Die Tomate überbrühen, häuten und achteln (Stielansatz entfernen!). Den Mais mit den Tomatenachteln und Krabben vermischen. Öl, Essig, Orangensaft, etwas Salz und Pfeffer, Zucker und Paprikapulver zu einer Marinade verrühren und mit den anderen Zutaten vermischen. Das Brot mit Butter bestreichen und zum Salat servieren.
Zubereitungszeit: 10 Minuten.

Krabbenbrot mit Zwiebel und Gurke

Zutaten:

1 Scheibe Vollkornbrot
1 Tl Halbfettmargarine (Looping)
1 kleine Zwiebel (etwa 30 g)
50 g Salatgurke
100 g Krabbenfleisch
evtl. 1/2 Tl Petersilie (Champs d'Or, gefriergetrocknet)

Brot mit Halbfettmargarine bestreichen. Die Zwiebel schälen und in dünne Scheiben schneiden. Gurke waschen, abtrocknen und in dünne Scheiben schneiden. Gurke, Krabbenfleisch, Zwiebel auf dem Brot verteilen. Je nach Geschmack mit Petersilie bestreuen. Zubereitungszeit: 10 Minuten.

Krabbentoast überbacken
Zutaten:
1 Scheibe Toastbrot (Goldähren)
75 g Krabben
1 El Mayonnaise (delicato oder Lorado)
Jodsalz, weißer Pfeffer (Portland)
Paprika edelsüß (Portland)
Zucker (Diadem)
Zitronensaft (Citrovin)
1 Eiweiß
60 g geriebener Emmentaler (Oberalp)
Schnittlauch (Champs d'Or, gefriergetrocknet)

Die Mayonnaise mit Salz, Pfeffer, Paprika, Zucker und Zitronensaft pikant abschmecken und die Krabben unterrühren. Auf der Toastscheibe verteilen. Ein Eiweiß zu festem Schnee schlagen und den Emmentaler locker unterziehen. Auf die Toastscheibe legen und überbacken, bis eine goldbraune Kruste entsteht. Mit den restlichen Krabben und etwas Schnittlauch garnieren.
Zubereitungszeit: 15 Minuten.

Lachs mit Rührei auf Toast

Zutaten:

1 Scheibe Toastbrot (Goldähren)
1 Ei
100 g Lachs
1 Tl 8-Kräutermischung (Champs d'Or, gefriergetrocknet)
Zitronensaft (Citrovin)

Das Ei verquirlen und 1/2 Tl Kräutermischung hinzugeben. Anschließend das Rührei in einer beschichteten Pfanne ohne Fett stocken lassen. Das Toastbrot rösten, das Rührei darüber ausbreiten und die Lachsscheiben darauf legen. Mit 1/2 Tl Kräutermischung bestreuen und mit etwas Zitronensaft beträufeln.
Zubereitungszeit: 15 Minuten.

Skandinavisches Lachssandwich

Zutaten:

2 Scheiben Toastbrot (Goldähren)
2 Scheiben Räucherlachs
30 g dänischer Frischkäse mit Schnittlauch
geriebener Meerrettich
50 g Salatgurke
1/2 Tl Petersilie (Champs d'Or, gefriergetrocknet)
1/4 Tl Zitronensaft (Citrovin)

Von der Gurke 2 dünne Scheiben abschneiden, den Rest raspeln.
Den Frischkäse mit der Salatgurke, Zitronensaft, Meerrettich und Petersilie verrühren. Die Toastscheiben entrinden und 1 Scheibe mit 2/3 des Frischkäses bestreichen. Eine Lachsscheibe drauflegen, mit der restlichen Toastscheibe bedecken und in 3 Dreiecke schneiden. Die Oberflächen mit dem

verbliebenen Frischkäse, den Gurkenscheiben und je einem Drittel der restlichen Lachsscheibe garnieren.
Zubereitungszeit: 15 Minuten.

Matjessalat mit Vollkornbrot

Zutaten:
150 g Matjesheringe
1 Zwiebel
1 Gewürzgurke (Gartenkrone)
1 kleiner Apfel (ca. 80 g)
1 Tl Zitronensaft (Citrovin)
50 g H-Sahne (Milsani)
100 g Schmant (Rote Kuh)
1 El Butter
1 Tl Schnittlauch (Champs d'Or, gefriergetrocknet)
2 Scheiben Vollkornbrot
Jodsalz, schwarzer Pfeffer (Portland)

Den Fisch würfeln. Die Zwiebel schälen, halbieren und in Streifen schneiden. Die Gurke in dünne Streifen schneiden. Den Apfel schälen, entkernen und das Fruchtfleisch ebenfalls in Streifen schneiden. In einer Schüssel die Sahne mit dem Schmant verrühren. Den Fisch, die Zwiebelstreifen und die Gurken- sowie Apfelstreifen locker darunter mischen, ebenso den Zitronensaft. Mit Salz und Pfeffer würzen. Die Brotscheiben mit Butter bestreichen, etwas Salz, Pfeffer und den Schnittlauch darüber streuen. Zum Matjessalat servieren.
Zubereitungszeit: 15 Minuten.

Frischer Thunfischsalat

Zutaten:

1 Dose Thunfisch in Wasser
2 Tomaten (je ca. 80 g)
1/2 Salatgurke
2 El Maiskörner (Dose, King's Crown)
1/2 Tl Zitronensaft
Jodsalz
weißer Pfeffer (Portland)
8-Kräutermischung (Champs d'Or, gefriergetrocknet)

Den Thunfischsaft aus der Dose in ein Schälchen tropfen lassen. Danach die Fischstücke mit zwei Gabeln mundgerecht zupfen und sie mit Tomatenscheiben und Gurkenwürfeln sowie den Maiskörnern mischen. Anschließend den Thunfischsaft mit Zitronensaft, Gewürzen und Kräutern verrühren und abschmecken, über den Salat geben und gut ziehen lassen.
Zubereitungszeit: 15 Minuten.

Schnelle Gaumenfreuden

Brotsuppe
Zutaten:
2 Scheiben Ciabatta
3 Kirschtomaten
1 kleine Zwiebel
0,4 l Instant-Brühe (Pulver oder Würfel, Pottkieker)
Jodsalz, weißer Pfeffer (Portland)
1 El Olivenöl (Lorena)

Die Ciabatta-Scheiben in einer beschichteten Pfanne ohne Fett auf jeder Seite goldbraun rösten. Die Tomaten waschen, in Stücke schneiden (Stielansätze entfernen!). Die Zwiebel schälen und in kleine Würfel schneiden. Die Brühe aufkochen, nach Geschmack mit Salz und Pfeffer würzen. Brot, Tomaten und Zwiebeln auf einem Teller verteilen und die heiße Brühe darüber gießen. Mit Olivenöl beträufeln.
Zubereitungszeit: 15 Minuten.

Gulaschsuppe
Zutaten:
1 Dose Gulaschsuppe (amica, 425 ml)

Den Inhalt der Dose in einen Topf geben und bei mäßiger Hitze und zeitweiligem Umrühren erwärmen.
Zubereitungszeit: 15 Minuten.

Geschmorte Champignons
Zutaten:
1 Scheibe Toastbrot (Goldähren)
1/2 Tl Butter
250 g frische Champignons
1 Knoblauchzehe
1 El Petersilie (Champs d'Or, gefriergetrocknet)
2 El Olivenöl (Lorena)
Jodsalz, weißer Pfeffer (Portland)

Die Pilze putzen, kurz waschen, abtropfen lassen. In Scheiben schneiden. Die Knoblauchzehe zerkleinern, in Öl kurz andünsten (nicht bräunen). Die Champignons dazu geben, bei kräftiger Hitze ca. 10 Minuten lang schmoren. Derweil das Toastbrot rösten und mit Butter bestreichen. Nach dem Schmoren die Champignons mit Salz und Pfeffer würzen, die Petersilie untermengen.
Zubereitungszeit: 15 Minuten.

Frikadellenbrot mit Tomate
Zutaten:
1 Scheibe Vollkornbrot
1/2 Tl Butter
100 g gemischtes Hackfleisch
1 Tl Tafelsenf (Heiden)
2 El Mineralwasser
Salz, weißer Pfeffer (Portland)
Paprikapulver edelsüß (Portland)
1/2 Knoblauchzehe
1 Zwiebel (ca. 50g)
1 Tomate (ca. 80 g)

Das Brot mit Butter bestreichen. Dann für die Frikadellen das aufgetaute Hackfleisch mit Salz, Pfeffer, Senf, Mineralwasser und Paprikapulver nach Geschmack vermischen. Die Knoblauchzehe durchpressen und zufügen. Drei flache Frikadellen formen und in einer beschichteten Pfanne von jeder Seite ca. 2 Minuten braten. Etwas abkühlen lassen. Die Zwiebel schälen und in dünne Scheiben schneiden. Die Tomate waschen, in Scheiben schneiden (Stielansatz entfernen!). Danach die Tomatenscheiben, Frikadellen und Zwiebelscheiben auf dem Brot verteilen.
Zubereitungszeit: 15 Minuten.

Schneeweißchen und Rosenrot

Zutaten:
125 g Mozzarella (Valfiorita)
1 große Tomate
1/2 Tl Oregano (Portland, getrocknet)
7 Tl Olivenöl (Lorena)
1 Tl Semmelbrösel
Jodsalz, schwarzer Pfeffer (Portland)

Eine kleine Gratinform mit 1 Tl Olivenöl auspinseln. Die Tomate waschen und ebenso wie den Käse in dünne Scheiben schneiden. Beides dachziegelartig in die Gratinform legen. Jede Schicht mit Salz, Pfeffer und Oregano würzen und mit 2 Tl Olivenöl beträufeln. Das restliche Öl mit den Semmelbröseln verrühren. Das Ganze löffelweise über den Auflauf geben. Die Gratinform in den auf Grillstufe (190°C) vorgeheizten Backofen stellen und alles 10 Minuten lang überbacken.
Zubereitungszeit: 15 Minuten.

Heißer Toast

Zutaten:
1 Scheibe Leberkäse
1 1/2 Tl Butter
1 Scheibe Toastbrot (Goldähren)
Tafelsenf (Heiden)
1 Salatblatt
1 hartgekochtes Ei
Petersilie (Champs d'Or, gefriergetrocknet)

Den Leberkäse in 1 Tl Butter braten. Das Brot toasten, mit 1 Tl Butter und Senf bestreichen, das gewaschene Salatblatt darauf legen, darüber den Leberkäse. Das Ei in Scheiben schneiden und auf dem Leberkäse verteilen. Mit Petersilie bestreuen. Zubereitungszeit: 12 Minuten.

Tomatenpfanne

Zutaten:
1 Scheibe Knäckebrot (Goldähren)
3 Tomaten (je ca. 100 g)
100 g Frischkäse (Bayernland oder Norderland)
1 Tl Olivenöl (Lorena)
1 Tl Basilikum (Portland, getrocknet)
Jodsalz, weißer Pfeffer (Portland)

Die Tomaten in dickere Scheiben schneiden (Stielansätze entfernen!) und in eine Pfanne legen. Salz, Pfeffer darüber streuen, erhitzen und einmal umdrehen. Den Frischkäse darauf geben, erneut mit Salz und Pfeffer würzen und 2 Minuten bei geschlossenem Deckel erwärmen. Zum Schluss mit Basilikum bestreuen, mit Öl beträufeln und direkt aus der Pfanne essen. Dazu gibt es eine Scheibe Knäckebrot.
Zubereitungszeit: 10 Minuten.

Alles Käse

Heißer Camembert
Zutaten:
50 g Himbeeren (Dose, King's Crown oder Sterngold)
1 Tl Orangensaft (Fruchtoase mit Fruchtfleisch)
schwarzer Pfeffer (Portland), etwas Tafelsenf (Heiden)
1 Scheibe Vollkornbrot
60 g Camembert (Bergpracht)

Die Himbeeren mit Orangensaft, etwas Pfeffer und Senf zu einer Soße vermischen und erhitzen. Den Käse in Scheiben schneiden und auf die Brote legen. Im Grill überbacken. Zusammen mit der Soße servieren.
Zubereitungszeit: 20 Minuten.

Frischkäse ungarisch
Zutaten:
75 g Frischkäse (Bayernland oder Norderland)
1/4 rote Paprikaschote
1/2 kleine Zwiebel
Jodsalz, weißer Pfeffer (Portland)
Paprika edelsüß (Portland)
Kümmel (Portland)
1 Salatblatt
1 Scheibe Pumpernickel

Das Paprikaviertel in kleine Würfel schneiden. Zwiebel schälen, fein hacken, unter den Frischkäse heben und mit Salz, Pfeffer, Paprikawürfeln und Kümmel würzen. Salatblatt auf die Pumpernickelscheibe legen, den Frischkäse darauf verteilen.
Zubereitungszeit: 15 Minuten.

Käse-Apfel-Schnitte
Zutaten:
1 Scheibe Vollkornbrot
1 Tl Butter
40 g Goudakäsescheiben (Oberalp)
1 kleiner Apfel
Zitronensaft (Citrovin)
weißer Pfeffer (Portland)

Das Brot mit Butter bestreichen und mit dem Käse belegen. Den Apfel vierteln, vom Kerngehäuse befreien und in dünne Scheiben teilen. Auf dem Käse anrichten, sofort mit Zitronensaft beträufeln und mit Pfeffer bestreuen.
Zubereitungszeit: 10 Minuten.

Käsekartoffeln
Zutaten:
200 g gekochte Kartoffeln
1 El Butter
30 g geriebener Emmentaler (Oberalp)

Die gekochten Kartoffeln pellen und salzen. Die Butter in eine Pfanne geben und die Kartoffeln darin goldbraun braten. Unmittelbar vor dem Verzehr mit dem Emmentaler bestreuen.
Zubereitungszeit: 10 Minuten.

Paprikaquark
Zutaten:
100 Magerquark
1 Tl Tomatenmark (delicato oder Lorado)
1 kleine Zwiebel
1 Tl Paprikapulver

1 Tl Kümmel (Portland)
1 kleine Paprikaschote, grün oder gelb
1 Scheibe Vollkornbrot

Den Magerquark mit dem in ein wenig Wasser angerührten
Tomatenmark vermischen. Die Zwiebel in feine Würfel schneiden und mit den Gewürzen unter den Quark rühren. Die
Paprikaschote entkernen und in Ringe schneiden. Anschließend den Paprikaquark dick auf das Vollkornbrot streichen und mit den Paprikaschotenringen belegen.
Zubereitungszeit: 15 Minuten.

Bunter Quarkberg
Zutaten:
80 g Quark
1 El frische Milch oder H-Milch (Milsani)
1 kleine Paprikaschote
1 kleine Zwiebel
4 Radieschen
Jodsalz
1 Msp. 8-Kräutermischung (Champs d'Or, gefriergetrocknet)
1 Scheibe Knäckebrot (Goldähren)

Den Quark mit der Milch glatt rühren und die geputzte, gewaschene Paprikaschote sowie 2 Radieschen und die Zwiebel
klein geschnitten darunter mengen. Salzen. Als Berg auf einen
Teller häufen, mit der 8-Kräutermischung bestreuen. Die beiden restlichen Radieschen in Hälften zerteilen und diese auf
dem Quarkberg garnieren. Dazu gibt es ein Knäckebrot.
Zubereitungszeit: 15 Minuten.

Quarkbrot

Zutaten:
40g Quark
1 Tl Zitronensaft (Citrovin)
1/2 Apfel
Jodsalz
2 Radieschen
1 Scheibe Vollkornbrot
1/2 Tl Butter
Zucker (Diadem)

Den Quark mit Wasser und Zitronensaft geschmeidig rühren, mit Zucker nach Geschmack süßen. Den Apfel schälen, 1/4 Apfel beiseite legen. Das erste Viertel grob geraspelt unter den Quark rühren. Mit Salz abschmecken und auf die mit Butter bestrichene Brotscheibe streichen. Das zurückgelegte Apfelviertel in Scheiben schneiden. Die Quarkschnitte mit den Apfel- und Radieschenscheiben garnieren.
Zubereitungszeit: 15 Minuten.

Köstliches aus Kartoffeln

Gefüllte Kartoffel
Zutaten:
1 große gekochte Kartoffel
40 g Brokkoli
1 Tl Butter
50 g Maiskörner (Dose, King's Crown)
Jodsalz, Pfeffer (Portland)
1 El geriebener Emmentaler (Oberalp)

Die Brokkoli in kleine Röschen zerteilen und in leicht gesalzenem Wasser bissfest kochen. In einem Sieb gut abtropfen lassen. Die gekochte Kartoffel halbieren und bis auf einen dicken Rand aushöhlen. Das Kartoffelinnere mit der Gabel zerdrücken und mit Brokkoli, Butter und Mais mischen. Mit etwas Jodsalz und Pfeffer würzen und alles in die Kartoffelhälften füllen. Anschließend mit Käse bestreuen und im vorgeheizten Grill backen, bis der Käse zu schmelzen beginnt.
Zubereitungszeit: 22 Minuten.

Kartoffel-Omelett

Zutaten:

50 g Mehl (Goldähren)
2 Eier
4 El Milch
1 Tl geriebener Gouda (Oberalp)
Jodsalz, weißer Pfeffer (Portland)
Muskatnuss (Portland)
2 mittelgroße gekochte Kartoffeln
50 g gekochter Hinterschinken (Gut Drei Eichen)
1 El Butter
Petersilie (Champs d'Or, gefriergetrocknet)
Schnittlauch (Champs d'Or, gefriergetrocknet)

Das Mehl mit den Eiern, der Milch, dem geriebenen Käse verrühren. Nach Belieben salzen und pfeffern. Die bereits gekochten Kartoffeln abpellen und auf einer Reibe in den Teig
raspeln. Den Schinken fein würfeln und darunter heben. Nach-
würzen. In einer Pfanne die Butter erhitzen und aus dem Teig
zwei Pfannkuchen goldgelb ausbacken. Je nach Geschmack
mit Petersilie und Schnittlauch würzen.
Zubereitungszeit: 15 Minuten.

Kartoffelpuffer mit Apfelmus
Zutaten:
1/2 Pckg. Kloßteig
1 Ei
50 g Magerquark
Jodsalz, weißer Pfeffer (Portland)
2 El Butterschmalz (Butaris)
1/2 Dose Apfelmus

Den Kloßteig mit dem Ei und dem Quark verrühren. Mit Salz
und Pfeffer würzen. In einer Pfanne das Butterschmalz erhitzen. Mit einem Esslöffel aus dem Teig kleine Häufchen bilden,
in die Pfanne legen und etwas flach drücken. Auf beiden Seiten goldbraun backen. Mit Apfelmus servieren.
Zubereitungszeit: 15 Minuten.

Kartoffelpuffer mit Kräutern
Zutaten:
1/2 Pckg. Kloßteig
1 Ei
50 g Magerquark
Jodsalz, weißer Pfeffer (Portland)
2 El Butterschmalz (Butaris)
2 große Zwiebeln
5 El 8-Kräutermischung (Champs d'Or, gefriergetrocknet)

Den Kloßteig mit dem Ei und dem Quark verrühren. Mit Salz
und weißem Pfeffer würzen. Die Zwiebeln schälen und sehr
fein hacken. Mit der Kräutermischung unter den Teig rühren.
In einer Pfanne das Butterschmalz erhitzen. Mit einem Esslöffel aus dem Teig kleine Häufchen bilden, in die Pfanne legen
und etwas flach drücken. Auf beiden Seiten goldbraun backen.
Zubereitungszeit: 15 Minuten.

Kartoffelpuffer mexikanisch

Zutaten:

1/2 Pckg. Kloßteig
1 Ei
50 g Magerquark
Jodsalz, weißer Pfeffer (Portland)
2 El Sonnenblumenöl (Bellasan oder Butella)
120 g Maiskörner (Dose, King's Crown)
100 g gekochter Hinterschinken (Gut Drei Eichen)
2 El Tomatenpaprika (Dose)
schwarzer Pfeffer (Portland)

Den Kloßteig mit dem Ei und dem Quark verrühren. Mit Salz und Pfeffer würzen. Den Mais abtropfen lassen, und den Schinken in feine Streifen schneiden. Mais, Schinken und Tomatenpaprika unter den Kloßteig mischen. Kräftig mit Salz und schwarzem Pfeffer würzen. In einer Pfanne das Butterschmalz erhitzen. Mit einem Esslöffel aus dem Teig kleine Häufchen bilden, in die Pfanne legen und etwas flach drücken. Auf beiden Seiten goldbraun backen.
Zubereitungszeit: 15 Minuten.

Kalte Küche

Apfel-Rettich-Salat
Zutaten:
1 Apfel (100 g)
1 weißer Rettich (ca. 50 g)
Zitronensaft (Citrovin)
1 El H-Sahne (Milsani)
1/2 Tl Tafelsenf (Heiden)
50 g Haselnusskerne
Jodsalz, weißer Pfeffer (Portland).

Den Apfel waschen, abtrocknen, vierteln, entkernen und quer in Scheiben schneiden. Sofort mit dem Zitronensaft beträufeln. Den Rettich schälen und in dünne Scheiben schneiden. Die Haselnusskerne grob zerhacken und für die Marinade mit den anderen Zutaten verrühren, die Apfel- und Rettichscheiben unterheben, 10 Minuten durchziehen lassen.
Zubereitungszeit: 15 Minuten.

Apfel-Sauerkraut-Salat
Zutaten:
1 Apfel (100 g)
100 g Sauerkraut (Dose, Klostergarten)
50 g gekochter Hinterschinken (Gut Drei Eichen)
50 g Creme fraîche
1/2 Tl Petersilie (Champs d'Or, gefriergetrocknet)
Jodsalz, weißer Pfeffer (Portland)
1 Msp. Zucker (Diadem)
1 Tl gehackte Haselnusskerne
1 Scheibe Feinbrot

Das abgetropfte Sauerkraut grob zerschneiden und in eine Schüssel geben. Den Apfel vierteln, entkernen und in Stifte schneiden. Sofort unter das Sauerkraut mischen. Den gekochten Schinken in kurze Streifen schneiden und unterheben. Die Creme fraîche mit der Petersilie und den gehackten Haselnüssen verrühren, mit Jodsalz, Zucker und Pfeffer abschmecken, unter die Salatzutaten mischen. Nach dem Zubereiten noch 15 Minuten lang ziehen lassen.
Zubereitungszeit: 15 Minuten.

Balkansalat mit Banane
Zutaten:
1/2 mittelgroße Banane (ca. 50 g)
1 El Essig (Burgmarke oder delicato)
je 40 g rote, gelbe und grüne Paprikaschoten
2 Tl 8-Kräutermischung (Champs d'Or, gefriergetrocknet)
Schnittlauch (Champs d'Or, gefriergetrocknet)
Petersilie (Champs d'Or, gefriergetrocknet)
Estragon (Portland)
2 El Frischkäse (Bayernland oder Norderland)
2 Scheiben Knäckebrot (Goldähren)

Die Banane in Scheiben schneiden, im Essig marinieren. Die Paprikaschoten in sehr feine Streifen schneiden, mit den Kräutern zu den Bananenscheiben geben. Alles vorsichtig mischen. Den Balkansalat auf einen Teller geben. Den Frischkäse in die Mitte füllen. Dazu Knäckebrot reichen.
Zubereitungszeit: 10 Minuten.

Bananen mit Haferflocken
Zutaten:
1 Banane
1 El Haferflocken (Remiga)
150 ml Vollmilch
1 Tl Orangensaft (Fruchtoase mit Fruchtfleisch)
nach Geschmack Honig oder Zucker (Diadem)

Die Haferflocken in einer beschichteten Pfanne ohne Fett leicht anrösten, abkühlen lassen. Die Banane schälen und mit dem Orangensaft im Mixer oder mit dem Schneidestab pürieren. Die Haferflocken, Milch, Honig oder Zucker hinzufügen und noch einmal kräftig durchmixen, in Gläser gießen und mit den restlichen Haferflocken bestreuen.
Zubereitungszeit: 10 Minuten.

Champignonsalat mit Tomate

Zutaten:
1 Scheibe Vollkornbrot
100 g frische Champignons
1/4 Eisbergsalat
1 Tomate (ca. 100 g)
2 El Sonnenblumenöl (Bellasan oder Butella)
Jodsalz, weißer Pfeffer (Portland)
1 Tl Tafelsenf (Heiden – mittelscharf)
1 El Zitronensaft (Citrovin)

Die Tomate würfeln (Stielansatz entfernen!). Den Eisbergsalat
zerpflücken. Die Champignons säubern, in 1 EL Öl braten, mit
den Tomatenwürfeln auf die Salatblätter legen. Mit Öl, Zitronensaft, Senf, Salz und Pfeffer anmachen. Dazu das Vollkornbrot servieren.
Zubereitungszeit: 20 Minuten.

Pikante Jogurtspeise

Zutaten:
2 Scheiben Pumpernickel
1 Becher Jogurt
Jodsalz, weißer Pfeffer (Portland)
flüssiger Süßstoff (Süssli)
1 Bund Radieschen
1/2 Tl Petersilie (Champs d'Or, gefriergetrocknet)
1 El Schnittlauch (Champs d'Or, gefriergetrocknet)

Den Pumpernickel zerbröseln, mit Jogurt verrühren, mit Salz,
1 Prise Pfeffer und wenig Süßstoff abschmecken. Die Radieschen putzen und waschen. In feine Scheiben und die Hälfte
der Scheiben in dünne Streifen schneiden. Dann die Radies-
chenstreifen, Petersilie und Schnittlauch unter den Jogurt rüh-

ren. Die Speise auf Tellern und mit dem Rest der Radieschenscheiben garnieren.
Zubereitungszeit: 15 Minuten.

Pikante Schinkenrolle
Zutaten:
1 Scheibe (ca. 50 g) gekochter Hinterschinken (Gut Drei Eichen)
1/4 Apfel
Zitronensaft (Citrovin)
1/2 Tl geriebener Meerrettich
50 g Magerquark
Jodsalz
Zucker (Diadem)
1 Scheibe Toastbrot (Goldähren)
1/2 Tl Butter
1 Salatblatt

Das geschälte Apfelviertel fein würfeln. Dabei mit etwas Zitronensaft beträufeln. Den geriebenen Meerrettich mit einer Prise Salz und Zucker würzen. Alles vermischen. Die Schinkenscheibe auf ein Brett legen, die Masse darauf geben und den Schinken zusammenrollen. Mit dem Salatblatt und der mit Butter bestrichenen gerösteten Scheibe Toast servieren.
Zubereitungszeit: 8 Minuten.

Schweizer Wurstsalat

Zutaten:
50 g Fleischwurst
50 g Gouda in Scheiben (Oberalp)
1 kleine Zwiebel
1/2 Paprikaschote
3 Tl Sonnenblumenöl (Bellasan oder Butella)
1 Tl Petersilie (Champs d'Or, gefriergetrocknet)
1 El Essig (Burgmarke oder delicato)
Jodsalz, schwarzer Pfeffer (Portland)

Wurst und Käse in dünne Streifen schneiden. Die Zwiebel schälen, die Paprikahälfte entkernen und beides in Streifen schneiden. Alles in eine Schüssel füllen und mit Öl, Essig, Petersilie und 3 El Wasser mischen. Mit Salz und Pfeffer abschmecken.
Zubereitungszeit: 10 Minuten.

Kleine Pannenhilfe

Wenn das Essen versalzen ist
Ist etwas zu viel Salz in die Mahlzeit geraten, vermehren Sie die Menge des Gerichts oder der Flüssigkeit, so dass der Salzanteil verringert wird. Auch die Zugabe von Milch oder Sahne schwächt den salzigen Geschmack.

Wenn das Fleisch ist angebrannt ist
Wenn das Fleisch bereits hart gekrustet ist, schneiden Sie die verbrannte Seite ab und braten das Fleisch noch einmal mit frischem Fett an.

Wenn das Geflügel nicht weich wird
Ist das Geflügel gebraten und doch nicht genießbar, weil es zäh ist, sollten Sie es mit kaltem Wasser ansetzen und weich kochen. Anschließend nicht braten, sondern als Kleinfleisch oder Ragout verwenden.

Wenn das Gemüse angebrannt ist
In einen Topf mit frischem Wasser umfüllen und mit frischer Butter abschmecken.

Wenn die Kartoffeln alt sind
Die Kartoffeln vor dem Schälen etwa eine halbe Stunde in kaltes Wasser legen. Dann schälen und erneut einige Zeit im Wasser liegen lassen. Anschließend mit reichlich Wasser kochen.

Wenn die Milch- oder Mehlspeise angebrannt ist

Die Mahlzeit nicht umrühren und schnell in einen anderen Topf umfüllen. Wenn die Speise noch einmal aufkochen soll, diese vorher etwas kaltes Wasser in den Topf geben. Danach die Mahlzeit stark würzen, damit der Brandgeschmack überdeckt wird.

Wenn das Essen zu sauer ist

Das Sauerkraut oder ähnlich säuerlich schmeckende Speisen mit etwas Zucker vermischen. Bei verdorbenen oder angesäuerten Speisen ist die Zugabe von Zucker sinnlos – das Essen muss weggeworfen werden.

Wenn der Blattsalat schon welk ist

Legen Sie Salat, Spinat oder Suppengrün für 15 Minuten in lauwarmes und für weitere 30 Minuten in kaltes Wasser, dann werden sie wieder frisch.

Wenn das Brot alt und vertrocknet ist

Umwickeln Sie altes Brot für einige Minuten mit einem feuchten Tuch und überbacken Sie es dann im Ofen etwa 20 Minuten lang. Es wird wieder knusprig und innen weich.

Wenn der Käse hart geworden ist

Zu hart gewordener Käse wird wieder weich, wenn Sie ihn für eine Weile in frische Milch legen.

30-Minuten-Rezepte: ALDI-Rasch

Die meisten der folgenden Kochanleitungen sind für ein Mittag- oder Abendessen gedacht. Manche eignen sich – je nach Geschmack – auch für das Frühstück oder eine Zwischenmahlzeit. Die Zubereitung der Gerichte dauert höchstens 30 Minuten.

Kulinarische Schlemmereien

Apfel-Frites
Zutaten:
1 großer Apfel
Zitronensaft (Citrovin)
etwas Mehl (Goldähren)
Butterschmalz (Butaris)
Himbeeren (King's Crown oder Sterngold)

Den Apfel waschen, abtrocknen und entkernen. Zuerst in fingerdicke Scheiben, dann in Stäbchen schneiden. Die Stäbchen mit Zitronensaft beträufeln und in Mehl wenden. Das Butterschmalz auf ca. 180 °C Celsius erhitzen, die Stäbchen portionsweise darin frittieren und mit Himbeeren servieren. Zubereitungszeit: 25 Minuten.

Apfel-Burger
Zutaten für 2 Burger:
1 großer Apfel
100 g gemischtes Hack (tiefgefroren)
1 Tl Creme fraîche
Salz, weißer Pfeffer (Portland)
Paprika edelsüß (Portland)
2 Salatblätter
1 kleine Scheibe Schmelzkäse (Hochland)
2 kleine Brötchen
Zitronensaft (Citrovin)

Den Apfel schälen, vierteln, entkernen. 1/4 Apfel raspeln. Das aufgetaute Hackfleisch mit Creme fraîche, dem geraffelten Apfel, Salz, Pfeffer und Paprikapulver zu einem Fleischteig verkneten. Zwei Burger aus der Masse formen und in einer beschichteten Pfanne braten. Kurz vor Ende der Bratzeit auf einen Burger den Schmelzkäse legen und schmelzen lassen. Den restlichen Dreiviertel Apfel in Scheiben schneiden und mit Zitronensaft beträufeln. Die Brötchen halbieren, mit Salatblättern, Apfelscheiben und Burgern belegen.
Zubereitungszeit: 25 Minuten.

Bananenreis auf Selleriescheiben
Zutaten:
40 g Langkornreis (parboiled)
100 g Sellerie
1/4 l Instant-Brühe (Pulver oder Würfel, Pottkieker)
1/2 Zwiebel
1 Tl Butter
1/4 Tl Currypulver (Portland)
1/2 mittelgroße Banane
schwarzer Pfeffer (Portland)

Zitronensaft (Citrovin)
1/2 Tomate
1 Tl geriebener Emmentaler (Oberalp)
2 Salatblätter
1/2 Tl Olivenöl (Lorena)

Den Reis bei geringer Hitze kochen lassen. Inzwischen den Sellerie in drei fingerdicke Scheiben schneiden und in der Gemüsebrühe in etwa 10 bis 12 Minuten »auf Biss« garen. Die Selleriescheiben mit einem Schaumlöffel herausnehmen, auf eine gefettete feuerfeste Platte legen. Die Zwiebel fein würfeln, in der Butter glasig dünsten, den Curry zum Schluss kurz mitrösten. Den Reis und die gewürfelte Banane unter die Zwiebeln mischen. Mit Pfeffer und einigen Tropfen Zitronensaft scharf-pikant abschmecken. Die Tomate in 3 Scheiben schneiden (Stielansatz entfernen!). Den Bananenreis auf Selleriescheiben häufen. Jeweils eine Tomatenscheibe drauflegen und mit geriebenem Emmentaler bestreuen. Kurz übergrillen, bis der Käse goldgelb ist. Zwei Salatblätter in schmale Streifen schneiden, in Zitronensaft und Öl marinieren, zwischen die Selleriescheiben legen und sofort servieren.
Zubereitungszeit: 30 Minuten.

Bananensalat mit Krabben

Zutaten:
1/2 Ei
1/4 Tl scharfer Tafelsenf (Heiden)
1/2 Tl Zitronensaft (Citrovin)
Jodsalz, weißer Pfeffer (Portland)
1 EL Sonnenblumenöl (Bellasan oder Butella)
40 g Magerjogurt
1/2 Tl Sahne (Milsani)
Schnittlauch (Champs d'Or, gefriergetrocknet)
Petersilie (Champs d'Or, gefriergetrocknet)
1 mittelgroße Banane
1/2 Orange
50 g Ananas (Dose, Golden Pagoda)
1/2 säuerlicher Apfel
50 g Möhren (Dose)
60 g Krabben

Für die Jogurtmayonnaise das Ei mit dem Senf, Zitronensaft, einer kräftigen Prise Pfeffer und Salz verrühren. Das Öl in feinem Strahl in die Eimasse einrühren. Den Jogurt, die Sahne und die gehackten Kräuter untermischen. Banane, Orange und Ananas in Stücke schneiden. Apfel und Möhren schälen und raspeln. Das Obst, die Möhren und die Krabben mit der Jogurtmayonnaise mischen.
Zubereitungszeit: 30 Minuten.

Bratapfel mit Erdbeerkonfitüre

Zutaten:

1 großer Apfel
20 g Mandeln
4 El Erdbeerkonfitüre (Grandessa oder Tamara)
1 Zwieback (Goldähren)
Rum (Steuerrad)

Die Mandeln klein hacken. Den Apfel schälen und das Kerngehäuse ausstechen. Anschließend mit ca. 3 El Erdbeerkonfitüre füllen und 20 Minuten bei mittlerer Hitze im Backofen braten. Den Zwieback in Rum tränken und auf einen Teller legen. Den gebratenen Apfel mit dem restlichen El Erdbeerkonfitüre bestreichen, mit Mandelsplittern bestreuen und auf dem Zwieback anrichten.
Zubereitungszeit: 25 Minuten.

Bratapfel mit Preiselbeeren

Zutaten:

1 großer Apfel
3 El Preiselbeeren
1/2 Tl Butter
1 Prise Zucker (Diadem)
1 Tl Kognak (Grand Rayon)

Den Apfel waschen, das Kerngehäuse entfernen, aber nicht ganz durchstechen. Mit den Preiselbeeren auffüllen. Obendrauf ein paar Butterflocken setzen und den Apfel bei mittlerer Hitze 20 Minuten lang braten. Anschließend den Apfel mit Zucker bestreuen und etwas Kognak darüber träufeln.
Zubereitungszeit: 25 Minuten.

Bratapfel mit Schlagsahne

Zutaten:

1 großer Apfel (möglichst Boskop)
20 g Mandeln
1/4 Beutel Vanillinzucker (Albona)
2 Tl Sahne (Milsani)
1 Tl Erdbeerkonfitüre (Grandessa oder Tamara)
1/2 Tl Butter
1 Prise Zucker
1 Prise Muskatnuss (Portland)
1 El Schwarzwälder Waldhimbeergeist
Rum (Steuerrad)

Den Apfel waschen und das Kerngehäuse ausstechen. Die Mandeln mahlen, mit dem Vanillinzucker und dem Himbeergeist verrühren und alles in den Apfel füllen. Darüber etwas Zucker und Butter geben und den Apfel 20 Minuten bei mittlerer Hitze im Bratofen backen lassen. Inzwischen die Sahne steif schlagen, mit Zucker, Rum und Muskat abschmecken, mit der Erdbeerkonfitüre verrühren, alles in einem kleinen Topf erhitzen und über den Apfel verteilen. Mit Himbeergeist begießen und flambieren. Anschließend auf den Bratapfel eine Haube Schlagsahne setzen und mit Mandelsplitter bestreuen.
Zubereitungszeit: 30 Minuten.

Champignonbrot

Zutaten:

5 große frische Champignons
1/2 Zitronen
50 g Quark
1 El H-Sahne (Milsani)
1 El Petersilie (Champs d'Or, gefriergetrocknet)
Jodsalz, Pfeffer (Portland)

1 Scheibe Vollkornbrot
1 hartgekochtes Ei
1 Salatblatt

Drei Champignons kleinhacken und mit Zitronensaft beträufeln. Mit dem Quark, der Sahne, der Petersilie und den Gewürzen verrühren. Die Vollkornbrot-Scheibe damit dick bestreichen. Die restlichen beiden Champignons in Scheiben schneiden und mit Zitronensaft beträufeln. Das Ei schälen und in Scheiben zerteilen. Dann werden die Champignonscheiben und die Eierscheiben auf dem Brot angerichtet und mit dem in Streifen geschnittenen Salatblatt garniert.
Zubereitungszeit: 20 Minuten.

Currysalat
Zutaten:
150 g Frischei-Nudeln (Pastini)
50 g gekochter Hinterschinken (Gut Drei Eichen)
1/2 Tasse Mayonnaise (delicato oder Lorado)
1/4 Tl Currypulver (Portland)
1/2 Zwiebel
20 g Sellerie
1 Msp. Tafelsenf (Heiden)
1 Msp. Petersilie (Champs d'Or, gefriergetrocknet)
Jodsalz, weißer Pfeffer (Portland)

Die Nudeln in leicht gesalzenem Wasser bissfest kochen. Abgießen, abschrecken und in 3 cm lange Stücke schneiden. Die Mayonnäse mit Currypulver und Senf verrühren und mit den Nudeln vermischen. Die Zwiebel und etwa 20 g Sellerie klein hacken. Schinken in Würfel schneiden und dem Salat zufügen. Mit Salz und Pfeffer abschmecken. Mit Petersilie bestreuen.
Zubereitungszeit: 30 Minuten.

Kraft-Toast

Zutaten:
1 Scheibe Toastbrot (Goldähren)
1 1/2 EL Butter
20 g gekochter Hinterschinken (Gut Drei Eichen)
20 g Schmelzkäse (Hochland)
1 Ei
1 El Schnittlauch (Champs d'Or, gefriergetrocknet)
1 Tomate (ca. 80 g)
Karottensaft mit Honig (deleg)

Die Toastscheibe rösten und mit Butter bestreichen. 1 Scheibe
Schinken und 1 Scheibe Käse drauflegen. Grillen, bis der Käse
schmilzt. Inzwischen die Butter in einer beschichteten Pfanne
erhitzen, das Ei darin braten. Das Spiegelei auf den Toast legen und Schnittlauch darüber streuen. Dazu die Tomate und
ein Glas Karottensaft servieren.
Zubereitungszeit: 20 Minuten.

Mozzarella-Sandwich

Zutaten:
1/2 Pckg. Mozzarella (Valfiorita)
4 Scheiben Toastbrot (Goldähren)
1 Tl Olivenöl (Lorena)
Jodsalz, weißer Pfeffer (Portland)
1/2 Tl Schnittlauch (Champs d'Or, gefriergetrocknet)
2 Eier
1 Eiweiß
2 El frische Milch oder H-Milch
1 El Mehl (Goldähren)
3 Tl Sonnenblumenöl (Bellasan oder Butella)
1/2 Kopfsalat
1 große Tomate (120 g)

Den Salat in Blätter zerpflücken und diese auf einer Platte drapieren. Die Tomate in Scheiben schneiden (Stielansatz entfernen!) und ebenfalls auf der Platte verteilen. Den Mozzarella in 4 Scheiben schneiden. Je 2 Scheiben in die Mitte von 2 Toastscheiben legen, mit Schnittlauch bestreuen, mit je 1/2 Tl Olivenöl beträufeln und nach Geschmack mit Salz und Pfeffer würzen. Anschließend das Eiweiß verquirlen und mit der Hälfte die Ränder der Toastscheiben bestreichen. Danach die anderen beiden Toastscheiben darauf legen und zusammendrücken. Jetzt die Eier mit der Milch verquirlen, ebenfalls mit Salz und Pfeffer würzen. Nun das Mehl auf einem Teller verteilen, die Sandwiches im Mehl wenden und anschließend in die Eiermilch legen, bis sie sich vollgesogen haben. Danach einmal wenden. Das Sonnenblumenöl in einer Pfanne erhitzen und die Sandwiches auf jeder Seite etwa 4 Minuten goldbraun backen. Mit einem Schaumlöffel herausheben, auf Küchenpapier legen und mit dem restlichen Olivenöl beträufeln. Danach auf die Platte mit dem Salat und den Tomatenscheiben legen.
Zubereitungszeit: 25 Minuten.

Spinatreis mit Spiegelei

Zutaten:
60 g Reis (parboiled)
1/2 Zwiebel
2 Tl Butter
100 g Rahmspinat (Eskimo, tiefgekühlt)
1 Ei
Jodsalz, weißer Pfeffer (Portland)
Muskatnuss (Portland)

Den Reis in einer Tasse mit heißem Salzwasser 15 Minuten ausquellen lassen. In der Zwischenzeit die halbe Zwiebel schälen und klein hacken, in 1 Tl Butter andünsten. Spinat und etwas Wasser zugeben, nach Geschmack mit Salz und Pfeffer würzen und im geschlossenen Topf auftauen lassen. In der Zwischenzeit in einer Pfanne den restlichen Tl Butter zerlassen, darin das Spiegelei braten, salzen und pfeffern. Den aufgetauten Spinat mit dem Reis mischen, auf einem Teller verteilen und mit dem Spiegelei bedecken.
Zubereitungszeit: 30 Minuten.

Köstliches aus Fleisch und Geflügel

Bananen-Nuss-Steak
Zutaten für 4 Personen:
600 g mariniertes Schweinefilet
1 mittelgroße Banane (ca. 150 g)
Zitronensaft
20 g Butter
100 g Blauschimmelkäse (Lys Bleu)
30 g gehobelte Haselnüsse oder gehackte Walnüsse

Das Schweinefilet in 8 Scheiben schneiden und etwas flach drücken. Die Banane längs und quer halbieren und mit Zitronensaft beträufeln. Die Filets auf jeder Seite 3 Minuten grillen, die Bananenstücke auf eine gebutterte Alu-Grillschale legen. Käse in Scheiben schneiden und auf die Bananenstücke legen, mit Nüssen bestreuen. Ebenfalls grillen. Sobald die Schweinefilets gebraten sind, die Käsebananen drauflegen und mit Nüssen bestreuen.
Zubereitungszeit: 28 Minuten.

Fleischbällchen mit Käse
Zutaten:
1/2 älteres Brötchen
3 Tl warme Milch
100 g gemischtes Hackfleisch
1/2 Zwiebel
1/2 Ei
Jodsalz, Pfeffer (Portland)
1 Msp. Majoran (Portland, getrocknet)
40 g Camembert (Bergpracht)
1 EL Haferflocken (Remiga)

Butterschmalz (Butaris)
1/8 Gurke
1/8 rote Paprika
Radieschen

Die Brötchenhälfte in Würfel schneiden, mit der Milch begießen und einweichen lassen. Das aufgetaute Hackfleisch in eine Schüssel geben, die Zwiebel fein auf das Hackfleisch reiben, die ausgedrückten Brötchenwürfel, das halbe Ei, Majoran, Salz und Pfeffer hinzufügen und alles gut verkneten. Den Camembert entrinden, in kleine Würfel schneiden. Aus je einem gehäuften El Fleischmasse kleine Bällchen formen. In die Mitte ein Loch drücken, Käsewürfelchen hineingeben, wieder mit Fleisch schließen. Die Haferflocken in einen tiefen Teller geben, die Bällchen darin wenden. Das Butterschmalz erhitzen, die Bällchen darin rundum braten. Mit Gurken- und Paprikawürfelchen und Radieschen garnieren.
Zubereitungszeit: 30 Minuten.

Geflügelsalat mit Ananas
Zutaten:
200 g Hähnchenbrustfilets (Gut Weissenhaus, tiefgekühlt)
100 g frische Champignons
1 El Ananas (Dose, Golden Pagoda)
2 El Reis (parboiled)
1 El Olivenöl (Lorena)
Zitronensaft (Citrovin)
weißer Pfeffer (Portland)
Currypulver (Portland)
Basilikum (Portland, getrocknet)
Süßstoff (Süssli)

Die Hähnchenbrustfilets nach Packungsangabe in einer beschichteten Pfanne ohne Fett braten und anschließend in Würfel schneiden. Die Champignons in Scheiben schneiden, die Ananas fein würfeln und zu dem in Salzwasser körnig gekochten Reis geben. Aus Öl, Zitronensaft, Pfeffer, Currypulver, Basilikum und flüssigem Süßstoff eine Marinade bereiten und das Ganze darin ziehen lassen.
Zubereitungszeit: 20 Minuten.

Geflügelsalat auf Toast
Zutaten:
200 g Hähnchenbrustfilets (Gut Weissenhaus, tiefgekühlt)
1 Tomate
1 Gewürzgurke (Gartenkrone)
1 Zwiebel
2 El Schmant (Rote Kuh)
Zitronensaft (Citrovin)
geriebener Meerrettich
Tafelsenf (Heiden)
Jodsalz, weißer Pfeffer (Portland)
Paprikapulver edelsüß (Portland)
Süßstoff (Süssli)
2 Scheiben Toastbrot (Goldähren)
1 Tl Butter

Die Hähnchenbrustfilets nach Packungsangabe in einer beschichteten Pfanne ohne Fett braten und in kleine Stücke schneiden. Tomate und Gewürzgurke in kleine Würfel schneiden, die Zwiebel fein hacken. Aus dem Schmant, Zitronensaft, geriebenem Meerrettich, Senf und den Gewürzen eine Marinade bereiten und die Zutaten darin ziehen lassen. Die Toastbrote rösten, mit Butter bestreichen und zum Geflügelsalat servieren.
Zubereitungszeit: 20 Minuten.

Hackbraten mit Orange

Zutaten:
100 g gemischtes Hackfleisch (tiefgefroren)
10 g Reis (parboiled)
1/2 Ei
Jodsalz, weißer Pfeffer (Portland)
1/2 Orange
1 Tl Sonnenblumenöl (Bellasan oder Butella)

Den Reis in Salzwasser körnig kochen. Das Hackfleisch mit Salz, Pfeffer, Ei, Reis und geriebener Orangenschale mischen und zu einer Frikadelle formen. Beidseitig in Öl braten. Die Orangenhälfte in dicke Scheiben schneiden und im Bratfett kurz erwärmen. Die Frikadelle damit garnieren.
Zubereitungszeit: 30 Minuten.

Hackfleischpfanne mit Ciabatta

Zutaten:
150 g gemischtes Hack (tiefgefroren)
2 Knoblauchzehen
3 El Olivenöl (Lorena)
1 El Tomatenmark (delicato oder Lorado)
5 El trockener Weißwein
1 Tl Instant-Brühe (Pulver oder Würfel, Pottkieker)
1 Dose mexikanische Gemüseplatte
100 g Schmant (Rote Kuh)
Jodsalz, schwarzer Pfeffer (Portland)

Den Knoblauch schälen und fein würfeln. In einer Pfanne in heißem Öl anbraten. Das aufgetaute Hackfleisch hinzufügen und unter Rühren braun werden lassen. Anschließend das Tomatenmark darunter rühren und den Weißwein dazu gießen. Die Instantbrühe mit 0,1 l Wasser verrühren und dazugeben.

Das mexikanische Gemüse ebenfalls einrühren. Alles mit Salz und Pfeffer würzen, mit Schmant verfeinern und in der Pfanne servieren. Dazu die aufgebackene Ciabatta servieren.
Zubereitungszeit: 25 Minuten.

Hähnchenbrust provenzalisch
Zutaten:
150 g Hähnchenbrustfilets (Gut Weissenhaus, tiefgekühlt)
1 Tl Sonnenblumenöl (Bellasan oder Butella)
Jodsalz, weißer Pfeffer (Portland)
1 Tomate
1 Zwiebel
100 g frische Champignons
1 Knoblauchzehe
1 Tl Mehl (Goldähren)
1/8 l Weißwein, 1 El Wasser
1/2 Tl Instant-Brühe (Pulver oder Würfel, Pottkieker)
1 Tl Petersilie (Champs d'Or, gefriergetrocknet)
2 El Reis (parboiled)

Das Öl in einer Pfanne erhitzen, und die aufgetauten Hähnchenbrustfilets darin auf jeder Seite 1 Minute anbraten. In 15 Minuten bei nicht zu starker Hitze goldbraun braten. Mit Salz und Pfeffer würzen. Die Tomate überbrühen, abziehen und würfeln (Stielansatz entfernen!). Im Bratfett die klein gehackte Zwiebel und den zerdrückten Knoblauch rösten. Die in Scheiben geschnittenen Champignons beigeben und weiterrösten. Mit Mehl bestäuben. Tomatenwürfel, Weißwein, Instant-Brühe und Salz beigeben und aufkochen. Die Soße über die Hähnchenbrüste verteilen. Mit Petersilie garnieren und dazu den körnig gekochten Reis servieren.
Zubereitungszeit: 30 Minuten.

Hähnchenbrust in Senfsauce

Zutaten:
1 Hähnchenbrust (Gut Weissenhaus, tiefgekühlt)
1 Baguettebrötchen
1 El Butterschmalz (Butaris)
Jodsalz, weißer Pfeffer (Portland)
1/2 kleine Zwiebel
1 El trockener Weißwein
1 El mittelscharfer Tafelsenf (Heiden)
1 Tl H-Sahne (Milsani)
Zitronensaft (Citrovin)
Petersilie (Champs d'Or, gefriergetrocknet)

Die aufgetaute Hähnchenbrust in einer Pfanne in 1 Tl heißem Butterschmalz rundum fünf Minuten kräftig anbraten. Aus der Pfanne nehmen, salzen, pfeffern und in Folie gepackt beiseite legen. Die Zwiebel fein hacken und im restlichen Butterschmalz weich dünsten. Mit dem Wein ablöschen, den Senf und die Sahne hinzufügen und alles mit einem kleinen Schneebesen durchrühren. Zehn Minuten köcheln, bis sich die Soße gut verbunden hat. Mit Salz, Pfeffer, Zitronensaft abschmekken. Die Hähnchenbrust mit dem ausgetretenen Fleischsaft wieder in die Soße geben und kurz erhitzen. Alles in eine Schale geben und mit Petersilie überstreuen. Mit dem Baguettebrötchen servieren.
Zubereitungszeit: 25 Minuten.

Lammsteak mit Rösti und Bohnen

Zutaten:

80 g Knusper-Rösti-Ecken (tiefgekühlt)
100 g Lammsteak (tiefgekühlt)
10 g Pflanzenfett zum Braten (Pomfrin)
Brechbohnen (1/4 Dose, King's Crown)
1 Tl Sonnenblumenmargarine (Bellasan oder Butella)
1 Zwiebel (ca. 40 g)
Jodsalz, weißer Pfeffer (Portland)

Auf einem Backofenblech Alufolie ausbreiten, darauf die Knus-
perecken verteilen. Im mit 200°C vorgeheizten Backofen
knusprig braten. Das Lammsteak im heißen Fett von beiden
Seiten braten. Die Zwiebel schälen, fein würfeln, Margarine in
einem Topf erhitzen und die Zwiebelwürfel darin glasig andünsten. Die gut abgetropften Bohnen zugeben, kurz andünsten,
mit Pfeffer und Salz würzen. Die Steaks mit Kartoffelrösti und
Bohnen servieren.
Zubereitungszeit: 25 Minuten.

Rindersteak mit Frischkäse

Zutaten:

1 Rindersteak (tiefgekühlt, 150 g)
1 El Sonnenblumenöl (Bellasan oder Butella)
Jodsalz, schwarzer Pfeffer (Portland)
1/2 Becher Frischkäse (Bayernland oder Norderland)
8-Kräutermischung (Champs d'Or, gefriergetrocknet)
1 Tl Tomatenmark (delicato oder Lorado)
1 kleine Möhre
25 g Knollensellerie
1/2 kleine Zwiebel
Zitronensaft (Citrovin)
40 ml Instant-Brühe (Pulver oder Würfel, Pottkieker)

Das aufgetaute Steak mit Pfeffer bestreuen und in heißem Pflanzenöl von jeder Seite 3 bis 4 Minuten braten. Salzen und warm stellen. Die Zwiebel fein hacken, die Möhre und den Sellerie schälen und raspeln. Im Bratensaft andünsten, das Tomatenmark, den mit der 8-Kräutermischung versehenen Frischkäse und die Fleischbrühe unter Rühren hinzufügen und alles einige Minuten köcheln lassen. Mit Zitronensaft und Salz abschmecken. Zu den Steaks servieren.
Zubereitungszeit: 30 Minuten.

Kleine Schweineschnitzel mit Kräuterkruste

Zutaten:

120 g Schweinefilet
Jodsalz, weißer Pfeffer (Portland)
1 Tl Mehl (Goldähren),
1 Ei
2 Tl Petersilie (Champs d'Or, gefriergetrocknet)
2 Tl Schnittlauch (Champs d'Or, gefriergetrocknet)
1 Tl Majoran (Portland, getrocknet)

1 Tl gehackte Haselnüsse
10 g Butterschmalz (Butaris)

Das Filet halbieren und mit dem Handrücken flach drücken. Beidseitig salzen und pfeffern und in Mehl wenden. Das Ei verquirlen, salzen und pfeffern. Petersilie und Schnittlauch dazu geben. Den Majoran und die Haselnüsse darunter rühren. Die Filetscheiben in der Panade wenden. Das Butterschmalz in einer Pfanne erhitzen. Das Fleisch hineinlegen, Hitze reduzieren und von jeder Seite 6 Minuten braten.
Zubereitungszeit: 25 Minuten.

Norddeutsches Speckbrot

Zutaten:
1 Scheibe Vollkornbrot
60 g durchwachsener Speck in Scheiben
1 Zwiebel (ca. 50 g)
2 Äpfel (ca. 250 g)
1 El Zucker (Diadem)
Salz, schwarzer Pfeffer (Portland)

Den Speck in einer Pfanne langsam auslassen, kross braten, herausnehmen und warm stellen. Die Zwiebel schälen und würfeln, die Würfel im verbliebenen Fett in der Pfanne dünsten. Die Äpfel schälen, vierteln, entkernen und in Spalten schneiden. Zu den Zwiebelwürfeln in die Pfanne geben und zugedeckt etwa 10 Minuten mitdünsten lassen. Mit Zucker, Salz und Pfeffer würzen. Die Apfelmischung gleichmäßig auf der Brotscheibe verteilen und den Speck darüber geben.
Zubereitungszeit: 20 Minuten.

Fisch- und Krabbenmahlzeiten

Fischfilet in zarter Eihülle
Zutaten:
200 g Seelachsfilet (Almare, tiefgekühlt)
Zitronensaft (Citrovin)
etwas Mehl (Goldähren)
1 Ei
3 El Butter
Jodsalz, weißer Pfeffer (Portland)
1/2 Tl Petersilie (Champs d'Or, gefriergetrocknet)
Muskatnuss (Portland)
150 g Kartoffelsalat (delicato)

Das aufgetaute Fischfilet mit etwas Zitronensaft säuern, mit etwas Mehl bestäuben und auf Küchenkrepp ablegen. Das Ei mit 1 El heißem Wasser verquirlen, mit Salz und Pfeffer kräftig würzen, die Petersilie darunter rühren und mit geriebener Muskatnuss kräftig abschmecken. Die Butter in eine Pfanne geben, bei schwacher Hitze aufschäumen lassen. Das Fischfilet in dem verschlagen Ei wenden und sofort ins Bratfett legen. Von beiden Seiten goldbraun braten. Anschließend die Pfanne vom Herd nehmen, zudecken und den Fisch noch etwa drei Minuten ziehen lassen. Mit dem Kartoffelsalat servieren.
Zubereitungszeit: 20 Minuten.

Fruchtige Fischstäbchen

Zutaten:

70 g Reis (parboiled)
1 Prise Salz
1 kleine Banane
1 Tl Zitronensaft (Citrovin)
2 – 3 El Sonnenblumenöl (Bellasan oder Butella)
5 Seelachs-Fischstäbchen (120 g, tiefgefroren)
1 Tl Petersilie (Champs d'Or, gefriergetrocknet)
1 Prise Currypulver (Portland)
5 grüne Weintrauben

Den Reis in Salzwasser nach Anleitung körnig kochen. Banane schälen, in nicht zu dünne Scheiben schneiden und mit Zitronensaft beträufeln. Öl in einer Pfanne erhitzen, Fischstäbchen direkt aus der Packung in die Pfanne geben. 5 bis 8 Minuten braten, dabei nur einmal wenden. Die Hälfte des körnigen Reises mit Bananenscheiben (5 Scheiben zurücklassen), Petersilie und Curry locker mischen, in einer Schale anrichten. Auf die gebackenen Fischstäbchen jeweils eine Bananenscheibe und eine Weintraube stecken. Zum Reis servieren.
Zubereitungszeit: 20 Minuten.

Garnelen italienisch

Zutaten:
5 Riesengarnelenschwänze (TK-Ware)
1/4 Dose Tomatenmark (delicato oder Lorado)
1/2 kleine Zwiebel
1 Knoblauchzehe
Zitronensaft (Citrovin)
6 Tl Butter
Jodsalz, weißer Pfeffer (Portland)
Oregano (Portland, getrocknet)
1 Prise Zucker (Diadem)

3 Tl Butter in der Pfanne schmelzen lassen, die fein gehackte
Zwiebel darin glasig dünsten. Die zerdrückte Knoblauchzehe
und das Tomatenmark zugeben und unter Rühren kräftig kochen. Mit einem Spritzer Zitronensaft und etwas Wasser ablöschen und mit den angegebenen Gewürzen abschmecken. Bei
mäßiger Hitze weiter köcheln lassen. Die aufgetauten Garnelenschwänze in den restlichen 3 Tl Butter von beiden Seiten
goldbraun braten. Anschließend in die Tomatensoße legen und
noch etwa 10 Minuten kochen lassen.
Zubereitungszeit: 30 Minuten.

Kabeljaufilet in der Folie

Zutaten:
200 g Kabeljaufilet (SeaMaster, tiefgekühlt)
1 Tl Sonnenblumenöl (Bellasan oder Butella)
1/2 Tl Dill (Champs d'Or, gefriergetrocknet)
1/2 Tl Petersilie (Champs d'Or, gefriergetrocknet)
Zitronensaft (Citrovin)
1/2 Zwiebel
Jodsalz, weißer Pfeffer (Portland)
Aluminiumfolie

Das aufgetaute Fischfilet mit etwas Zitronensaft säuern, salzen und pfeffern. Die Alufolie mit Öl bestreichen, das Filet hineinlegen, mit Dill bestreuen und die in Scheiben geschnittene Zwiebelhälfte darauf verteilen. Die Alufolie zu einem Kuvert falten und gut verkneifen. Im Backofen 25 Minuten garen. Nach dem Herausnehmen die Folie öffnen und Petersilie über das Filet streuen.
Zubereitungszeit: 30 Minuten.

Krabben Balkan-Art

Zutaten:
100 g Krabben
1/2 Knoblauchzehe
1/2 grüne Paprikaschote
1/2 kleine Zwiebel
1 Tomate (ca. 60 g)
1 Tl Sonnenblumenmargarine (Bellasan oder Butella)
Jodsalz, weißer Pfeffer (Portland)
3 El Weißwein
1/2 Tl Zitronensaft (Citrovin)

Den Knoblauch zerdrücken, die Zwiebel fein würfeln. Die gewaschene halbe Paprikaschote entkernen und in Scheiben schneiden. Dann die Tomate überbrühen, abziehen und achteln (Stielansatz entfernen!). Nun die Margarine in einer Pfanne erhitzen, Knoblauch und Zwiebelwürfel darin glasig werden lassen. Die Tomatenwürfel und Paprikastreifen hinzufügen. Etwas salzen, pfeffern und 10 Minuten dünsten. Mit Weißwein ablöschen und alles bei schwacher Hitze weitere 3 Minuten garen. Anschließend die Krabben darin 2 Minuten erwärmen, vor dem Servieren mit einigen Spritzern Zitronensaft säuern.
Zubereitungszeit: 20 Minuten.

Pfannfisch (ideales Reste-Essen)

Zutaten:

150 g bereits gekochtes Kabeljaufilet (SeaMaster, tiefgekühlt)
4 El Butter
2 mittelgroße gekochte Salzkartoffeln
1 kleine Zwiebel
1/2 Gewürzgurke (Gartenkrone)
Jodsalz, weißer Pfeffer (Portland)
1 Ei
1/2 Tl Petersilie (Champs d'Or, gefriergetrocknet)
1/2 Tl Schnittlauch (Champs d'Or, gefriergetrocknet)

Den Fisch in kleine Stückchen zerlegen, etwa vorhandene Gräten entfernen. Die Butter in einer Pfanne erhitzen und die gewürfelte Zwiebel darin andünsten. Gurkenscheiben zufügen. Die Kartoffeln in Scheiben schneiden und in der Pfanne bräunen. Das Ei mit etwas Mineralwasser in einer Schüssel verquirlen, Petersilie und Schnittlauch darunter mischen, die gekochten Fischstückchen in die Eimasse geben und untertauchen. Mit einer Siebkelle die Fischstückchen aus der Schüssel nehmen und in die Pfanne geben. Ganz vorsichtig darunter mischen. Das restliche verschlagene Ei darüber gießen und stocken, aber nicht zu fest werden lassen.
Zubereitungszeit: 25 Minuten.

Seelachs mit Kartoffelsalat

Zutaten:
250 g Seelachsfilet (Almare, tiefgekühlt)
1 El Butter
1 El Petersilie (Champs d'Or, gefriergetrocknet)
1 El Schnittlauch (Champs d'Or, gefriergetrocknet)
1 Tomate (ca. 80 g)
Zitronensaft
Jodsalz, weißer Pfeffer (Portland)
1 große Pellkartoffel
40 g fettarmer Jogurt
1/2 Zwiebel
Salatherzblätter

Das aufgetaute Fischfilet mit etwas Zitronensaft säuern und salzen, in 1 Tl Butter von beiden Seiten ca. 7 Minuten braten und warm stellen. Noch 1 Tl Butter in der Pfanne schmelzen lassen, die gehäutete, gewürfelte Tomate und die Kräuter zugeben und gut durchdünsten. Mit etwas Zitronensaft ablöschen, mit Pfeffer und Salz würzen. Die Kräuter über den Fisch geben. Die Pellkartoffel in Scheiben schneiden, mit einer Marinade aus Jogurt, gehackter Zwiebel, Salz und Pfeffer übergießen und anschließend mit Salatherzblättern anrichten.
Zubereitungszeit: 25 Minuten.

Seelachsfilet mit Meerrettichquark

Zutaten:
250 g Seelachsfilet (Almare, tiefgekühlt)
100 g Quark
2 El Milch
1 Tl Sonnenblumenmargarine (Bellasan oder Butella)
1/2 Tl geriebener Meerrettich
Schnittlauch (Champs d'Or, gefriergetrocknet)
Zitronensaft (Citrovin)
Jodsalz
Zucker (Diadem)
1 große Kartoffel

Die Kartoffel kochen. Das aufgetaute Fischfilet mit etwas Zitronensaft säuern und schwach salzen. Einen Topf mit Sonnenblumenmargarine ausfetten und den Fisch darin mit etwas Wasser bei schwacher Hitze 12 bis 15 Minuten lang gar ziehen lassen. Den Quark mit der Milch und geriebenem Meerrettich zu einer glatten, dicklichen Soße verrühren und mit Salz, Zucker und Schnittlauch abschmecken. Die Kartoffel pellen, die Soße zu dem Fisch servieren.
Zubereitungszeit: 25 Minuten.

Seemannsschnitte

Zutaten:
1 Scheibe Vollkornbrot
1 Tl Butter
1/4 Eisbergsalat
50 Räucherlachs
1 Tomate (ca. 80 g)
1 Ei
1/2 Zitrone
1 Zwiebel
1 Tl Sonnenblumenöl (Bellasan oder Butella)
Jodsalz, weißer Pfeffer (Portland)
Petersilie (Champs d'Or, gefriergetrocknet)
Schnittlauch (Champs d'Or, gefriergetrocknet)
Basilikum (Portland, getrocknet)

Das Brot mit Butter bestreichen und mit etwas Salat garnieren. Die Lachsscheiben auf das Brot legen. Die Tomate in Scheiben schneiden (Stielansatz entfernen!) und auf dem Lachs verteilen. Danach ein Rührei in der beschichteten Pfanne bereiten und auf die Tomatenscheiben häufen. Das Ganze mit Basilikum bestreuen. Den Rest des Eisbergsalates mit einer Marinade aus Zitrone, Öl, Pfeffer, getrockneter Petersilie und Schnittlauch und der klein gehackten Zwiebel anrichten.
Zubereitungszeit: 20 Minuten.

Thunfisch-Frikadellen

Zutaten:

2 mittelgroße gekochte Kartoffeln
1 Tl Butter
1 Tl Mehl (Goldähren)
80 g Thunfisch (Dosenware)
1 Tl Petersilie (Champs d'Or, gefriergetrocknet)
Jodsalz, weißer Pfeffer (Portland)
1 Ei
Paniermehl
Sonnenblumenöl (Bellasan oder Butella)

Die Kartoffeln zerstampfen und mit der Butter verrühren. Den Thunfisch, Petersilie, Salz und Pfeffer nach Geschmack zugeben. Das Ei verschlagen und die Hälfte zufügen. Die ganze Mischung auf einer mit Mehl bestreuten Fläche zu einer Rolle formen. In 2 Scheiben schneiden und jede Scheibe auf einen Durchmesser von ca. 6 cm drücken. In dem übrigen Ei und dem Paniermehl wenden. Das Öl in einer Pfanne erhitzen, die Fischfrikadellen hineingeben und auf jeder Seite ca. 3 Minuten braten, bis sie goldbraun sind.
Zubereitungszeit: 22 Minuten.

Nudelgerichte und Mehlspeisen

Verquirlte Eier mit Nudeln

Zutaten:
60 g Spiral- oder Bandnudeln (Landvogt)
1 El Sonnenblumenmargarine (Bellasan oder Butella)
60 g gekochter Hinterschinken (Gut Drei Eichen)
2 Eier
3 El Milch
Jodsalz, weißer Pfeffer (Portland)
1/2 Tl Schnittlauch (Champs d'Or, gefriergetrocknet)
1/2 Tl Petersilie (Champs d'Or, gefriergetrocknet)
10 g Bauchspeck

Die Nudeln in Salzwasser bissfest kochen. Kalt abschrecken und abtropfen lassen. In einer Deckelpfanne die Margarine erhitzen und den fein geschnittenen gekochten Schinken anbraten. Auf mittlerer Hitze weiterbraten, die Nudeln dazugeben. Die Eier mit der Milch und nach Geschmack mit Salz, Pfeffer und dem Schnittlauch gut verquirlen, auf die Nudeln gießen. Die Eimasse in der Pfanne mit Deckel auf kleiner Hitze stocken lassen. Anschließend alles auf eine Platte stürzen und den inzwischen fein gewürfelten, gebräunten Speck – ohne das ausgelassene Fett – darüber geben. Mit Petersilie bestreuen.
Zubereitungszeit: 30 Minuten.

Omelett mit Käse, Kräutern und Tomaten

Zutaten:

2 Eier
1 El Mehl (Goldähren)
1 EL Mineralwasser
2 Tl Butter
2 Scheiben Schmelzkäse (Hochland)
Petersilie (Champs d'Or, gefriergetrocknet)
Schnittlauch (Champs d'Or, gefriergetrocknet)
Jodsalz, weißer Pfeffer (Portland)
2 Tomaten (je 80 g)

Aus Eiern, Mehl, Mineralwasser und Salz einen glatten Teig bereiten und einige Zeit ruhen lassen. Die Tomaten vierteln (Stielansätze entfernen!). Die Butter in einer beschichteten Pfanne erhitzen. Dann den Teig zu zwei Omeletts backen. Nach dem Wenden die gebackene Seite mit einer Scheibe Schmelzkäse belegen. Die Pfanne zudecken, damit der Käse schmilzt. Die Kräuter mit Salz und Pfeffer vermengen und auf den Käse streuen. Die Omeletts mit den Tomatenvierteln anrichten.
Zubereitungszeit: 30 Minuten.

Pizza Hawaii

Zutaten:

1 Pizza mit Schinken (Fertigprodukt)
1/2 Dose Ananas (Golden Pagoda)
Paprika edelsüß (Portland)

Die Ananasstücke abtropfen lassen und gleichmäßig auf der Pizza verteilen. Nach Geschmack mit Paprika würzen. Die Pizza im vorgeheizten Backofen nach der auf der Packung angegebenen Anweisung backen.
Zubereitungszeit: 20 Minuten.

Porridge mit Kräuterknäcke

Zutaten:

20 g Haferflocken (Remiga)
1 Tl Honig (Goldland oder Imker)
100 g frische Milch oder H-Milch (Milsani)
50 g Quark
1 Tl Olivenöl (Lorena)
2 El frische oder H-Milch (Milsani)
1/2 Tl Petersilie (Champs d'Or, gefriergetrocknet)
1/2 Tl Schnittlauch (Champs d'Or, gefriergetrocknet)
2 Scheiben Knäckebrot (Goldähren)
100 g Karottensaft mit Honig (deleg)

Den Quark mit 1 Tl Öl und 2 El Milch glatt rühren, die Kräuter darunter mischen und damit die Knäckebrot-Scheiben bestreichen. Die Haferflocken in wenig kochendes Wasser geben und rühren, bis ein dicker Brei entsteht. Mit Honig süßen und unmittelbar vor dem Essen mit Milch übergießen. Dazu Karottensaft servieren.

Zubereitungszeit: 20 Minuten.

Gebackene Ravioli

Zutaten:

1/2 Dose Ravioli
1/3 Glas Erbsen mit Möhren (Gartenkrone)
30 g Schinkenwürfel
1 El Schmant (Rote Kuh)
Jodsalz, weißer Pfeffer (Portland)
50 g geriebener Emmentaler (Oberalp)

Die Ravioli mit dem abgetropften Gemüse, den Schinkenwürfeln und dem Schmant verrühren. Mit etwas Salz und Pfeffer würzen. In eine Auflaufform füllen und den geriebenen Emmentaler darüber streuen. Anschließend die Ravioli in einem vorgeheizten Backofen bei 180°C etwa 15 Minuten lang überbacken.
Zubereitungszeit: 20 Minuten.

Schinkennudeln

Zutaten:

100 g Bandnudeln (Landvogt)
100 g gekochter Hinterschinken (Gut Drei Eichen)
2 El Butter
2 Eier
2 El Milch
Jodsalz, schwarzer Pfeffer (Portland)
20 g geriebener Emmentaler (Oberalp)

Die Nudeln nach Anleitung in Salzwasser bissfest garen. In der Zwischenzeit den Schinken in dünne Streifen schneiden. Die Nudeln in ein Sieb geben und abtropfen lassen. 1 El Butter in einer Pfanne erhitzen und den Schinken darin anbraten. Anschließend die Nudeln und 1 El Butter hinzufügen und mit Salz und Pfeffer würzen. Die Eier mit der Milch verquirlen und darüber gießen. Alles kurz stocken lassen, dann vorsichtig vermengen und den Käse über die Schinkennudeln streuen. Zubereitungszeit: 25 Minuten.

Spagetti Bolognese
Zutaten:
100 g Spagetti (Alino oder Aurum)
1 Tl Olivenöl (Lorena)
1 Tl Butterschmalz (Butaris)
50 g gemischtes Hackfleisch (tiefgefroren)
60 g Tomatenpüree
rote Paprikaschote (ca. 40 g)
1/2 Zwiebel (ca. 20 g)
30 ml Bratensoße (Pottkieker)
Jodsalz, weißer Pfeffer (Portland)
Majoran (Portland, getrocknet)
Oregano (Portland, getrocknet)
Paprika edelsüß (Portland)
1/2 Knoblauchzehe

Die Nudeln in 1/2 l kochendes Salzwasser legen, das Öl dazu geben und die Nudeln nach Anleitung bissfest garen. Die Paprika und Zwiebel fein würfeln, ebenso die Knoblauchzehe, danach das Butterschmalz in einer beschichteten Pfanne erhitzen und die Zwiebel- und Knoblauchwürfel andünsten. Hackfleisch und Paprikawürfel dazugeben, das Ganze bröselig braten, reichlich Gewürze darüber streuen und Tomatenpüree untermischen. Alles bei mäßiger Hitze etwa 10 Minuten lang schmoren lassen, danach das Soßenpulver einrühren und die Hackfleischmasse bei weiterem Rühren 1 Minute köcheln lassen. Die Nudeln abgießen, abtropfen lassen und auf einem Teller verteilen. Die Hackfleischsoße darüber geben.
Zubereitungszeit: 25 Minuten.

Spagetti mit Frischkäse und Tomatengemüse
Zutaten:
2 Tomaten (je 80 g)
1/2 Zwiebel
1 El Olivenöl (Lorena)
100 g Frischkäse (Bayernland oder Norderland)
1 TL 8-Kräutermischung (Champs d'Or, gefriergetrocknet)
0,1 l Instant-Brühe (Pulver oder Würfel, Pottkieker)
100 g Spagetti (Alino oder Aurum)
1 El Weißwein
1/2 Tl Basilikum (Portland, getrocknet)
10 g geriebener Emmentaler (Oberalp)
Jodsalz, weißer Pfeffer (Portland)

Die Tomaten häuten, entkernen und in Stücke schneiden (Stielansätze entfernen!). Die fein gehackte Zwiebel im Olivenöl glasig schwitzen, die Hälfte der Tomatenstücke dazugeben und leicht andünsten, mit Salz und Pfeffer würzen. Alles zur Seite stellen und warm halten. Den Frischkäse mit der 8-Kräutermischung verrühren, die Gemüsebrühe zur Tomatenmischung geben und einkochen lassen, bis die Soße leicht cremig ist. Inzwischen die Spagetti bissfest kochen. Die Soße mit Weißwein abschmecken. Das Basilikum in die Soße geben, Soße und Spagetti mischen. Als Nudelnester auf die Teller setzen, mit den restlichen Tomatenstücken und geriebenem Emmentaler garnieren. Zusammen mit dem Frischkäse servieren.
Zubereitungszeit: 20 Minuten.

Spagetti mit Tomatensoße

Zutaten:

125 g Spagetti (Alino oder Aurum)
1 Tl Olivenöl (Lorena)
50 ml frische Milch oder H-Milch
50 g H-Sahne (Milsani)
1 El Tomatenmark (delicato oder Lorado)
Paprika edelsüß (Portland)
Majoran (Portland, getrocknet)
Oregano (Portland, getrocknet)
Jodsalz, weißer Pfeffer (Portland)

Die Spagetti in kochendem Salzwasser, dem 1 Tl Olivenöl bei-
gegeben wird, »al dente« (bissfest) garen. Derweil die Milch und
Sahne in einem Topf aufkochen und das Tomatenmark unterrühren. Mit Jodsalz, Pfeffer und Paprika würzen. Danach alles
mit den Kräutern abschmecken und etwa 10 Minuten aufkochen lassen. Die Spagetti in ein Sieb schütten, abtropfen lassen und mit kaltem Wasser abschrecken. Tomatensoße über
die Spagetti geben.
Zubereitungszeit: 20 Minuten.

Spanisches Omelett

Zutaten:
3 Tl Mehl (Goldähren)
1 El frische Milch oder H-Milch
2 Eier
1 Tomate
1 Paprikaschote
1/2 Zwiebel
1 Knoblauchzehe
50 g gekochter Hinterschinken (Gut Drei Eichen)
3 El Olivenöl (Lorena)
1 Tl 8-Kräutermischung (Champs d'Or, gefriergetrocknet)
Jodsalz, schwarzer Pfeffer (Portland)

Den Schinken in kleine Würfel schneiden. Die Paprika und die Tomate waschen, entkernen und in Streifen schneiden. Die Zwiebel und den Knoblauch schälen und fein würfeln. Das Öl in einer Pfanne erhitzen, Paprika und Tomate darin anbraten. Mit Salz und Pfeffer würzen. Das Mehl mit der Milch glatt rühren und die Eier sowie Kräuter darin verquirlen. Die Eiermischung über das Gemüse gießen und stocken lassen. Mit Salz und Pfeffer würzen. Die Pfanne in den Backofen stellen und das Omelett 5 Minuten lang grillen.
Zubereitungszeit: 20 Minuten.

Spargel-Omelett mit Krabben

Zutaten:
50 g Krabben
150 g Stangenspargel (iska oder Solano)
1 El Butter
Jodsalz, weißer Pfeffer (Portland)
1 El Mehl (Goldähren)
1 El frische Milch oder H-Milch
1 Tl Sonnenblumenmargarine (Bellasan oder Butella)
1 Ei

Die Butter in einen Topf geben, Spargelstangen und Krabben bei geringer Hitze 5 Minuten darin erhitzen. Mit Salz und Pfeffer abschmecken und warm stellen. Das Mehl mit der Milch verrühren, das Ei zugeben und mit dem Schneebesen schaumig schlagen. Mit Salz und Pfeffer abschmecken. In einer beschichteten Pfanne mit wenig Margarine ein Omelett ausbacken. Spargel und Krabben auf einer Omeletthälfte verteilen, die andere Hälfte darüber klappen.
Zubereitungszeit: 25 Minuten.

Leckerbissen aus Kartoffeln

Backkartoffeln mit Kräuterquark
Zutaten:
100 g Kartoffeln
150 g Magerquark
Kümmel (Portland)
1 Tl Sonnenblumenöl (Bellasan oder Butella)
50 g frische Milch oder H-Milch
1 Tl Schnittlauch (Champs d'Or, gefriergetrocknet)

Die Kartoffeln mit der Bürste unter fließendem Wasser reinigen. Der Länge nach halbieren. Die Schnittflächen in Kümmel drücken, auf ein eingeöltes Backblech setzen und im Ofen bei mittlerer Hitze etwa 20 Minuten backen, bis die Kartoffeln weich sind. In der Zwischenzeit den Quark mit Öl und Milch verrühren und Schnittlauch darüber streuen.
Zubereitungszeit: 30 Minuten.

Bauernfrühstück
Zutaten:
250 g gekochte Pellkartoffeln
25 g Butterschmalz (Butaris)
1/2 Zwiebel (ca. 30 g)
100 g Würfelschinken
120 g Champignons (Glas, iska oder King's Crown)
2 Eier
2 El frische Milch oder H-Milch
Jodsalz, weißer Pfeffer (Portland)
Paprika edelsüß (Portland)
Muskatnuss (Portland)

Die Kartoffeln pellen und in Scheiben schneiden. Die halbe Zwiebel und die Champignons würfeln. Das Butterschmalz in einer Pfanne zerlassen und die Zwiebelwürfel glasig dünsten. Die Kartoffelscheiben hinzufügen, braun braten lassen und den Würfelschinken sowie die Champignonwürfel dazugeben. Die Eier mit der Milch verschlagen, mit den Gewürzen abschmekken und über die Kartoffeln gießen. Unter mehrmaligem Wenden der Kartoffeln die Eiermilch stocken lassen.
Zubereitungszeit: 20 Minuten.

Kartoffelbrei mit Spinat und Ei
Zutaten:
100 g frische Milch H-Milch
etwas Butter
Muskatnuss (Portland)
1 Tl Sonnenblumenöl (Bellasan oder Butella)
150 g Rahmspinat (Eskimo, tiefgekühlt)
1 Ei
200 g Kartoffeln
Jodsalz

Die Kartoffeln schälen, vierteln und in Salzwasser gar kochen. Die Milch erwärmen, etwas Butter zugeben und zu den Kartoffeln geben. Zu Kartoffelbrei stampfen und mit Salz und Muskat abschmecken. Den aufgetauten Spinat etwa 10 Minuten kochen. Das Ei mit Milch verrühren und salzen. Das Sonnenblumenöl in einer Pfanne erwärmen und das Rührei darin braten. Zum Servieren mit dem Kartoffelbrei am Tellerrand einen breiten Ring ziehen. Den Spinat hineingießen und das Rührei drauflegen.
Zubereitungszeit: 30 Minuten.

Kartoffelpfanne mit Roter Bete

Zutaten:

200 g Kartoffeln
1 große Zwiebel
100 g frische Champignons
1 El Schnittlauch (Champs d'Or, gefriergetrocknet)
1 Ei
etwas Butter
Jodsalz
60 g frische Milch oder H-Milch
25 g Bauchspeck
1/4 Glas Rote Bete (Gartenkrone)

Die Kartoffeln schälen und ca. 15 Minuten lang kochen. Kartoffeln abkühlen lassen und in Scheiben schneiden. Die Pilze putzen und in Scheiben schneiden. Den Speck in einer Pfanne auslassen und Zwiebelwürfel darin glasig dünsten. Anschließend die Pilze und die Kartoffelscheiben dazugeben und alles etwa 10 Minuten braun braten. Das Ei mit Milch verschlagen, salzen und den Schnittlauch darunter rühren. Die Eier-Milch über die Kartoffeln geben und etwas Butter obenauf legen. Danach alles zugedeckt und bei niedriger Hitze stocken lassen. Mit der Roten Bete servieren.

Zubereitungszeit: 30 Minuten.

Kartoffelpuffer mit Apfelkompott

Zutaten:
1/2 Pckg. Kloßteig
1 Ei
50 g Magerquark
Jodsalz, weißer Pfeffer (Portland)
2 El Sonnenblumenöl (Bellasan oder Butella)
4 säuerliche Äpfel (je ca. 80 g)
Zitronensaft (Citrovin)
1 Tl Butter
2 Tl Zucker (Diadem)
1/2 Tl geriebene Zitronenschale

Den Kloßteig mit dem Ei und Quark verrühren. Mit Salz und Pfeffer würzen. Die Äpfel schälen und vierteln. Kerngehäuse, Stiel- und Blütenansatz entfernen. Dann die Äpfel in nicht zu kleine Stücke schneiden. Sofort mit Zitronensaft beträufeln, damit sie sich nicht verfärben. In einem kleinen Topf die Butter zerlassen, 1 Tl Zucker dazugeben und so lange rühren, bis er sich aufgelöst hat. Etwas Wasser, Zitronenschale und 1 Tl Zucker hinzufügen. Die Apfelstücke in den Topf geben. Zugedeckt bei mittlerer Hitze ca. 5 Minuten weich dünsten. Inzwischen mit einem Esslöffel aus dem Teig kleine Häufchen bilden, in die geölte Pfanne legen und etwas flach drücken. Von beiden Seiten goldbraun backen. Dazu das Apfelkompott servieren.
Zubereitungszeit: 20 Minuten.

Hamburger Kartoffelpuffer

Zutaten:

1/2 Pckg. Kloßteig
2 Eier
50 g Magerquark
Jodsalz, weißer Pfeffer (Portland)
4 El Sonnenblumenöl (Bellasan oder Butella)
2 große Zwiebeln
1 Knoblauchzehe
200 g gemischtes Hack (tiefgefroren)
2 El Paniermehl
3 El Petersilie (Champs d'Or, gefriergetrocknet)
2 El Tomatenketchup (delicato oder Lorado)

Den Kloßteig mit 1 Ei und dem Quark verrühren. Mit Salz und Pfeffer würzen. Eine Zwiebel sehr fein hacken und in der Pfanne in heißem Öl glasig werden lassen. Die Knoblauchzehe durch eine Knoblauchpresse drücken und kurz mitdünsten. Das aufgetaute Hackfleisch mit dem Zwiebel/Knoblauch-Gemisch sowie Paniermehl, dem zweiten Ei und Petersilie in einer Schüssel vermischen. Mit Salz und Pfeffer kräftig abschmecken. Nun mit einem Esslöffel aus dem Kloßteig vier kleine Häufchen bilden, diese in die Pfanne legen und etwas flach drücken. Von beiden Seiten zu goldbraunen Kartoffelpuffern backen. Warm stellen. Aus der Hackfleischmasse zwei gleich große Bällchen formen und in heißem Öl von beiden Seiten braun braten. Die zweite Zwiebel in dünne Ringe schneiden. Zu den Hackfleischbällchen geben und goldgelb werden lassen. Je ein Hackfleischbällchen auf einen Kartoffelpuffer legen. Die Zwiebelringe darauf verteilen. Das Tomatenketchup darüber geben und mit den restlichen beiden Kartoffelpuffern abdecken.

Zubereitungszeit: 30 Minuten.

Kartoffel und Quark

Zutaten:
125 g Quark
40 g frische Milch oder H-Milch
Jodsalz, schwarzer Pfeffer (Portland)
1/2 Tl Basilikum (Portland, getrocknet)
1/2 Tl Petersilie (Champs d'Or, gefriergetrocknet)
1 Tl Schnittlauch (Champs d'Or, gefriergetrocknet)
1 kleine Zwiebel (ca. 30 g)
20 g Salatgurke
2 Kartoffeln à 100 g

Die Kartoffeln waschen und gar kochen, abkühlen lassen und pellen. Den Quark in einer Schüssel mit der Milch verrühren. Basilikum und Petersilie hinzugeben. Zwiebel und Gurke schälen und in kleine Würfel schneiden. Mit dem Schnittlauch in die Schüssel geben. Den Quark mit Pfeffer und Salz abschmecken und zu den Kartoffeln servieren.
Zubereitungszeit: 30 Minuten.

Leckere Gemüsegerichte

Blumenkohl à la Bolognese

Zutaten:
2 Pellkartoffeln
150 g Blumenkohl
1 Zwiebel
1 Tl Sonnenblumenöl (Bellasan oder Butella)
150 g Hackfleisch
3 El Tomatenmark (delicato oder Lorado)
60 ml Instant-Brühe (Pulver oder Würfel, Pottkieker)
3 El Rotwein
Jodsalz, weißer Pfeffer (Portland)
Oregano (Portland, getrocknet)
Thymian (Portland, getrocknet)
1 El geriebener Emmentaler (Oberalp)

Die Kartoffeln etwa 20 Minuten lang kochen lassen. Den gewaschenen Blumenkohl in leicht gesalzenem Wasser etwa 10 Minuten garen. In der Zwischenzeit die Zwiebel schälen, würfeln und in Öl andünsten. Das aufgetaute Hackfleisch zugeben und anbräunen. Tomatenmark hinzugeben, das Ganze mit Brühe und Rotwein ablöschen. Je eine gute Prise Oregano und Thymian unterrühren und die Soße zehn Minuten köcheln lassen. Abschmecken und über den abgetropften Blumenkohl gießen. Zuletzt den geriebenen Emmentaler überstreuen. Zusammen mit den gepellten Kartoffeln servieren.
Zubereitungszeit: 30 Minuten.

Champignonsalat mit Ei

Zutaten:

100 g große frische Champignons
1 hartgekochtes Ei
50 g Weintrauben
15 g ganze Haselnüsse
1 kleine Orange
1/4 Becher (40 ml) Vollmilchjogurt
25 g Mayonnaise (delicato oder Lorado)
1 Tl Currypulver (Portland)
Jodsalz
1/2 Tl Zucker (Diadem)

Die Champignons trocken abreiben und in Scheiben schneiden. Das Ei schälen und sechsteln. Die Weintrauben gründlich waschen, abtrocknen, halbieren und entkernen. Haselnüsse grob in Scheiben schneiden. Für die Currymayonnaise: Orange auspressen. Jogurt, Mayonnaise, Orangensaft verrühren. Mit Curry, Salz und Zucker abschmecken. Danach alle anderen Zutaten mit der Currymayonnaise in einer großen Schüssel locker miteinander vermengen.
Zubereitungszeit: 25 Minuten.

Champagnerkraut mit Ananas
Zutaten:
1/4 Dose Sauerkraut (Dose, Klostergarten)
1 Scheibe Ananas (Dose, Golden Pagoda)
2 El Ananassaft
1 Tl Sonnenblumenmargarine (Bellasan oder Butella)
1/2 Tl Zucker (Diadem)
1 Glas Sekt (Stolzenfels)

Die Margarine in einer Pfanne erhitzen, den Zucker darin
schmelzen. Das aufgelockerte Sauerkraut und die in Stücke geschnittene Ananasscheibe zugeben. Kurz anschmoren, dann
mit der Hälfte des Sekts und ein wenig Ananassaft ablöschen.
15 Minuten garen. Kurz vor dem Servieren den restlichen Sekt
übergießen, der dann noch leicht moussiert.
Zubereitungszeit: 20 Minuten.

Champignons provenzalisch
Zutaten:
125 g frische Champignons
1/2 Zwiebel (ca. 20 g)
2 Tomaten (je 80 g)
1 Knoblauchzehe
1 Tl Sonnenblumenmargarine (Bellasan oder Butella)
Jodsalz, weißer Pfeffer (Portland)
1 Prise Basilikum (Portland, getrocknet)
1 Tl Zitronensaft (Citrovin)
Petersilie (Champs d'Or, gefriergetrocknet)

Die Champignons putzen und in grobe Scheiben schneiden.
Zwiebel fein hacken, die Knoblauchzehe mit Salz zerdrücken.
Beides in heißer Margarine braten. Die Champignons zugeben
und gut 10 Minuten dünsten. Die Tomaten überbrühen, ab-

ziehen (Stielansätze herausschneiden!), würfeln und zugeben. Noch 5 Minuten dünsten. Mit Zitronensaft beträufeln und abschmecken. Mit Petersilie überstreuen.
Zubereitungszeit: 30 Minuten.

Champignonsalat
Zutaten:
1 Scheibe Vollkornbrot
1 Tl Butter
100 g frische Champignons
1/4 Eisbergsalat
1 Tomate (ca. 80 g)
2 El Sonnenblumenöl (Bellasan oder Butella)
Jodsalz, weißer Pfeffer (Portland)
1 Tl mittelscharfer Tafelsenf (Heiden)
1 El Zitronensaft (Citrovin)
Petersilie (Champs d'Or, gefriergetrocknet)

Die Tomate würfeln (Stielansätze entfernen!). Den Eisbergsalat waschen und zerpflücken. Die Champignons säubern, zerschneiden und in 1 Tl Sonnenblumenöl braten, danach mit den Tomatenwürfeln auf die Salatblätter legen. Mit dem Sonnenblumenöl, Zitronensaft, Senf, Salz und Pfeffer anmachen. Das Vollkornbrot mit Butter bestreichen und dazu reichen.
Zubereitungszeit: 20 Minuten.

Ei im Tomatenmantel

Zutaten:

1 große Tomate
1 Ei
1 Tl Sonnenblumenmargarine (Bellasan oder Butella)
Jodsalz, weißer Pfeffer (Portland)
Thymian (Portland, getrocknet)
1/2 Tl Petersilie (Champs d'Or, gefriergetrocknet)
1 Scheibe Bauernbrot
1/2 Tl Butter

Von der gewaschenen Tomate den Deckel abschneiden, anschließend die Frucht mit einem Löffel aushöhlen. Mit Salz, Pfeffer und Thymian innen kräftig würzen. Dann in die Tomate ein Margarineflöckchen geben. Eine Form mit Margarine einfetten, die Tomate hineingeben. Das Ei aufschlagen und in die Tomate gleiten lassen. Im vorgeheizten Ofen bei mittlerer Hitze etwa 15 Minuten garen, dabei sollte das Eigelb noch weich bleiben. Anschließend mit Petersilie bestreuen. Das Brot mit Butter bestreichen und zur gefüllten Tomate servieren.
Zubereitungszeit: 25 Minuten.

Gemüsepfanne

Zutaten:

300 g Kartoffeln
200 g Mexikanische Gemüseplatte (Dosenware)
8 El Sonnenblumenöl (Bellasan oder Butella)
2 Knoblauchzehen
Jodsalz, schwarzer Pfeffer (Portland)
1/2 Tl Currypulver (Portland)
4 El Sherry (La Caridad)

Die Kartoffeln schälen und in ca. 1 cm große Würfel schnei-
den. Das Öl in einer Pfanne erhitzen und die Kartoffeln darin
10 Minuten lang braten. Öfter umrühren. Den Knoblauch
schälen und fein würfeln. Zusammen mit dem mexikanischen
Gemüse unter die Kartoffeln mischen. Mit Salz, Pfeffer und
Curry würzen. Den Sherry darüber träufeln und alles weitere 5
Minuten lang braten, bis die Kartoffeln weich sind.
Zubereitungszeit: 25 Minuten.

Paprikaschote mit Maisfüllung
Zutaten:
1/2 Dose Maiskörner (King's Crown)
1 große grüne Paprikaschote
2 Tomaten
je 1 Prise Jodsalz, weißer Pfeffer (Portland)
1 Prise Basilikum (Portland, getrocknet)
3 Tl geriebener Emmentaler (Oberalp)
3 Tl Semmelbrösel
1 Tl Butter

Den Backofen auf 200°C vorheizen. Die Paprikaschote halbieren, Stiel und Kerne entfernen. In kochendem Wasser kurz ziehen lassen, herausnehmen und abtropfen lassen. Die gewaschenen Tomaten würfeln (Stielansätze entfernen!),
Maiskörner, Emmentaler, Salz, Pfeffer und Basilikum hinzugeben und vermischen. Die Paprikaschote damit auffüllen,
dann Semmelbrösel und Butterflöckchen darüber geben. In
feuerfester Form 15 Minuten backen.
Zubereitungszeit: 25 Minuten.

Spargel mit Schinken
Zutaten:
250 g Spargel (tiefgekühlt)
50 g Katenschinken
2 El Butter
Jodsalz
Süßstoff (Süssli)

Den aufgetauten Spargel in gesalzenem Wasser mit 1 Tropfen Süßstoff ca. 16 Minuten lang kochen. Abgetropft auf einem Teller anrichten. Mit fein gehacktem Schinken bestreuen. Die Butter in einer Pfanne bräunen und über den Spargel gießen. Zubereitungszeit: 25 Minuten.

Gefüllte Zwiebel
Zutaten:
1 große Gemüsezwiebel
2 Eier
1 El H-Sahne (Milsani)
1 Pckg. Wiener Würstchen (frisch: Gut Drei Eichen oder Dose Excelsior)
1 El Butter
Jodsalz, weißer Pfeffer (Portland)
1/2 Tl Petersilie (Champs d'Or, gefriergetrocknet)

Die Zwiebel mit Schale in kochendem Wasser garen. Danach unter fließendem Wasser abschrecken und die Schale entfernen. Nun die Spitze so weit abschneiden, dass die inneren Schalen herausgenommen werden können (das geht am besten, wenn Sie mit einem Küchenmesser auf einer Seite die inneren Schalen mit einem Schnitt auftrennen. Mit einer Gabel läßt sich dann leicht die Schale aufwickeln). Die Außenschalen als Umhüllung stehen lassen. Die herausgenommenen inneren

Schalen klein hacken. Die Eier mit der Sahne gut verrühren, nach Geschmack mit Salz und Pfeffer würzen. Das Wiener Würstchen in dünne Scheiben schneiden und hinzugeben. 1 El Butter in der Pfanne aufschäumen lassen. Die Eimasse hineingießen und, mit einem Holzlöffel rührend, bei milder Hitze stocken lassen. Wenn die Eimasse noch recht saftig ist, in die ausgehöhlte Zwiebel füllen, auf eine gut gewärmte Platte stellen und das restliche Rührei (es passt nicht alles in die Zwiebel) rund um die Zwiebel geben. Mit Petersilie bestreuen.
Zubereitungszeit: 30 Minuten.

Delikate Suppen

Kartoffelsuppe mit Erbsen
Zutaten:
2 Kartoffeln (je ca. 60 g)
1 kleine Zwiebel
1/3 Dose Erbsen (King's Crown, 425 ml)
1/4 l Gemüsebrühe (Pulver oder Würfel, Pottkieker)
2 Tl Butter
25 g H-Sahne
Jodsalz, weißer Pfeffer (Portland)
1 Tl Petersilie (Champs d'Or, gefriergetrocknet)
1 Scheibe Toastbrot (Goldähren)

Die Kartoffeln und die Zwiebel schälen und klein würfeln. 1 Tl Butter in einem Suppentopf erhitzen und die Zwiebelwürfel darin glasig dünsten. Dann Kartoffelwürfel und etwa 2/3 der abgetropften Erbsen darunter mischen und die Gemüsebrühe darüber gießen. Mit Salz und Pfeffer kräftig würzen. Anschließend die Suppe bei mittlerer Hitze etwa 15 Minuten kochen lassen. Suppe vom Herd nehmen und durch ein Sieb in einen anderen Topf passieren. Die Sahne unterrühren und die restlichen Erbsen untermischen. Mit Jodsalz und Pfeffer neu abschmecken und noch einmal erhitzen. Das Toastbrot in kleine Würfel schneiden, den restlichen Tl Butter erhitzen und die Toastwürfel darin knusprig braten. Die Suppe auf einen Teller geben und mit den Toastwürfeln und Petersilie bestreuen.
Zubereitungszeit: 30 Minuten.

Maiscremesuppe mit Schinkenbrot

Zutaten:

1/2 Dose Maiskörner (King's Crown)
1/4 l Instant-Brühe (Pulver oder Würfel, Pottkieker)
1 Eigelb
1 El H-Sahne (Milsani)
Jodsalz, weißer Pfeffer (Portland)
1 Tl Butter
1 Scheibe gekochter Hinterschinken (Gut Drei Eichen)
1 Scheibe Vollkornbrot

Die Rindfleischbrühe erwärmen. Die Maiskörner abtropfen lassen und durch ein Sieb streichen. Die dabei entstehende milchige Flüssigkeit mit der Rindfleischbrühe unter ständigem Rühren ca. 15 Minuten bei schwacher Hitze köcheln lassen. Den Topf vom Herd nehmen. Das Eigelb mit 1 El Sahne verquirlen und unterrühren. Mit Salz und Pfeffer abschmecken. Das Brot mit Butter bestreichen und mit dem Schinken belegen. Zur Suppe servieren.
Zubereitungszeit: 20 Minuten.

Spargelsuppe mit beschwipsten Krabben

Zutaten:

1 El Krabben
2 Schnapsgläser Doppelkorn (Bergbauer)
125 g Spargel (tiefgekühlt)
1/4 l Instant-Brühe (Pulver oder Würfel, Pottkieker)
1 El Butter
1 El Mehl (Goldähren)
1 Ei
Jodsalz
Zitronensaft (Citrovin)

Den Doppelkorn in eine Schale gießen, die Krabben hinzugeben und darin ziehen lassen. Den aufgetauten Spargel in etwa 4 cm lange Stücke schneiden. Die Brühe zum Kochen bringen, den Spargel hinzufügen und zugedeckt etwa 20 Minuten lang kochen lassen. Mit einem Löffel den Spargel herausnehmen und warm stellen. Aus Butter, Mehl und Brühe eine Mehlschwitze zubereiten, ein Eigelb unterrühren, mit Salz und Zitronensaft abschmecken. Die Spargelstücke wieder in die Suppe geben. Die Krabben mit einem Löffel aus dem Korn nehmen. In einem tiefen Teller verteilen und diesen mit der heißen Spargelcremesuppe auffüllen.

Zubereitungszeit: 30 Minuten.

Zwiebelsuppe mit Käsetoast

Zutaten:

2 große Zwiebeln
2 El Sonnenblumenöl (Bellasan oder Butella)
1 El Butter
1 El trockener Weißwein
0,5 l Instant-Brühe (Pulver oder Würfel, Pottkieker)
Jodsalz, schwarzer Pfeffer (Portland)
2 Scheiben Toastbrot (Goldähren)
50 g geriebener Emmentaler (Oberalp)

Die Zwiebeln schälen, halbieren und in Streifen schneiden. Das Öl mit der Hälfte der Butter in einem Topf erhitzen und die Zwiebelstreifen etwa 10 Minuten dünsten. Anschließend den Backofen auf 190°C vorheizen. Den Weißwein und die Fleischbrühe zu den Zwiebeln geben und 10 Minuten garen. Mit Salz und Pfeffer abschmecken. Die Brotscheiben toasten und mit der restlichen Butter bestreichen. Mit Käse bestreuen und auf der mittleren Schiene des Backofen ca. 3 Minuten lang grillen. Die Zwiebelsuppe zusammen mit den Käsetoasts servieren.

Zubereitungszeit: 30 Minuten.

Gutes für Gäste

Unverhoffter Besuch

Das kann schon mal passieren: Freunde kommen auf ein Glas vorbei und plötzlich knurrt der Magen. Was tun? Sie können den Pizza-Service bestellen, aber mal ehrlich: Viel besser schmeckt etwas Selbstgemachtes. Hier sind ein paar leckere Gerichte, die Sie als »Aldianer« schnell zubereiten können. Übrigens: »Viele Köche verderben den Brei« gilt nicht mehr. Lassen Sie sich also beim Kochen von Ihren Gästen helfen. Dabei kann man sich viel erzählen und die Zeit vergeht noch schneller (die Zutatenmengen gelten – wenn nicht anders angegeben – für eine Person).

Gefüllte Fleischtomaten
Zutaten:
2 große Tomaten
25 g geriebener Emmentaler (Oberalp)
Jodsalz, schwarzer Pfeffer (Portland)
1/2 Tl Basilikum (Portland, getrocknet)
2 Knoblauchzehen
2 1/2 El Paniermehl
2 El Olivenöl (Lorena)

Am runden Ende der gewaschenen Tomaten einen flachen Deckel abschneiden. Das Fruchtfleisch vorsichtig herauslösen, die Kerne wegwerfen und das Tomatenfleisch zerhacken. Die Tomatenhüllen innen mit Salz und Pfeffer würzen. Die Knoblauchzehen zerdrücken, mit Basilikum vermengen. Das Pa-

niermehl, das Tomatenfleisch und 1 1/2 El Olivenöl dazugeben. Alles gut durchmischen. Anschließend die Masse in die Tomatenhüllen geben. Eine Form mit 1/2 El Olivenöl einpinseln, die Tomaten hineinsetzen und mit dem Emmentaler bestreuen. Nun die Tomaten in der Mitte des vorgeheizten Backofens (200 °C) 15 bis 20 Minuten überbacken, bis die Oberfläche goldgelb ist.
Zubereitungszeit: 30 Minuten.

Frischkäsebrot mit Radieschen
Zutaten:
50 g Frischkäse (Bayernland oder Norderland)
1/2 Bund Radieschen
Jodsalz
Schnittlauch (Champs d'Or, gefriergetrocknet)
1 Scheibe Vollkornbrot

Die Brotscheibe mit Frischkäse bestreichen. Anschließend die geputzten Radieschen raspeln und auf dem Brot verteilen. Nach Geschmack mit Jodsalz würzen und Schnittlauch darüber streuen.
Zubereitungszeit: 4 Minuten.

Gambas al ajillo
Zutaten:
100 g aufgetaute Riesengarnelenschwänze (TK-Ware)
50 ml Olivenöl (Lorena)
2 Knoblauchzehen
Chilipulver (Portland)
Jodsalz
Baguette

Die geschälten Knoblauchzehen quer in Streifen schneiden. Das Olivenöl in einer Pfanne erhitzen, den Knoblauch und 1 Msp. Chilipulver hinzufügen. Unter ständigem Rühren bei schwacher Hitze braten, bis der Knoblauch goldbraun ist. Dann die Garnelenschwänze hinzugeben und etwa 2 Minuten unter ständigem Rühren erhitzen. Anschließend salzen und zusammen mit dem Baguette servieren.
Zubereitungszeit: 10 Minuten.

Nudeln mit Blauschimmelkäse und Nüssen
Zutaten:
100 g Frischei-Nudeln (Pastini)
Walnusskerne von drei Nüssen
1 El Butter
50 g Blauschimmelkäse (Lys Bleu)
50 g Sahne (Milsani)
Jodsalz, schwarzer Pfeffer (Portland)

In einem Topf Wasser mit etwas Salz zum Kochen bringen und die Nudeln nach Gebrauchsanweisung kochen. In der Zwischenzeit die Walnusskerne zerhacken. In einer kleinen Pfanne die Butter erhitzen und die Nüsse darin anbraten. Den Blauschimmelkäse zerbröseln und zu den Nüssen in die Pfanne geben. Mit der Sahne auffüllen und bei schwacher Hitze cre-

mig rühren. Sind die Nudeln gar, werden sie abgegossen und mit der Soße vermischt. Alles auf einen Teller geben und mit Pfeffer bestreuen.
Zubereitungszeit: 15 Minuten.

Räucherlachs mit Rührei

Zutaten:
2 Eier
1 El Mineralwasser
Jodsalz, weißer Pfeffer (Portland)
1 Tl Butter
50 g Räucherlachs
1/2 Tl Petersilie (Champs d'Or, gefriergetrocknet)
1 Scheibe Toast (Goldähren)

Die Eier mit dem Mineralwasser und 1 Prise Salz gut verquirlen. Die Butter in einer Pfanne erhitzen, die Eimenge hineingießen und unter ständigem Rühren stocken lassen. Etwas Pfeffer darüber streuen. Den Lachs mit dem Rührei auf einem vorgewärmten Teller anrichten und Petersilie darüber streuen. Dazu das Toastbrot servieren.
Zubereitungszeit: 10 Minuten.
Tipp: Wenn Sie keinen Räucherlachs vorrätig haben, können Sie auch Forellenfilets oder gut abgetropfte Ölsardinen nehmen.

Spagetti alla carbonara

Zutaten:

100 g Spagetti (Alino, 250 g)
40 g Bauchspeck
1/2 Knoblauchzehe
Jodsalz, weißer Pfeffer (Portland)
1 El Butter
1 Ei
1 El geriebener Emmentaler (Oberalp)

Die Spagetti in reichlich Salzwasser bissfest kochen. Inzwischen den Speck in ganz kleine Stücke schneiden, den Knoblauch mit einer Gabel zerdrücken. In einem Topf, der so groß ist, dass später auch die Nudeln hineinpassen, die Butter erhitzen und den Speck und Knoblauch darin so lange braten, bis der Knoblauch gebräunt und der Speck knusprig ist. Nun das Ei in einer Schüssel mit etwas Salz, dem geriebenen Emmentaler und reichlich Pfeffer mit einem Schneebesen gut verrühren. Die abgetropften Spagetti in den Topf mit dem Speck geben und gut vermischen. Den Topf vom Herd nehmen, die Eimasse hineingeben und alles kräftig durchrühren, bis die Nudeln mit der Eier-Käse-Creme gleichmäßig überzogen sind.
Zubereitungszeit: 30 Minuten.

Köstlichkeiten für die Party

Wollen Sie eine Party für Ihre Freunde geben? Oder müssen Sie beim Chef Eindruck schinden oder die Schwiegereltern in spe milde stimmen? Hier sind ein paar Rezepte, mit denen Sie in kurzer Zeit leckere Häppchen zubereiten können. Und alles ausschließlich mit Aldi-Produkten! Sie müssen sich also nicht in Unkosten stürzen, damit Ihr Fest einen nachhaltigen Eindruck hinterlässt.

Bierpfannkuchen
Zutaten für 4 Pfannkuchen:
170 g Mehl (Goldähren)
1 1/2 Tl Zucker (Diadem)
1 1/2 Tl Backpulver (Albona)
1/2 Tl Salz
1 Ei
200 ml frische Milch oder H-Milch (Milsani)
120 ml Bier (Karlsquell)
2 El Butter

Eine große Pfanne erhitzen, die Butter in einem Topf zerlassen. Mehl, Zucker, Backpulver und Salz in einer Schüssel mischen. Das Ei trennen, das Eigelb in einer anderen Schüssel schaumig schlagen. Milch, die zerlassene Butter und Bier zu dem Eischaum geben und zu einer glatten Masse verrühren. Dann mit der Mehlmischung verrühren. Das Eiweiß in einer sauberen, trockenen Schüssel steif schlagen, bis sich Spitzen bilden. Unter die Teigmischung heben. Den Teig esslöffelweise in die Pfanne geben und von jeder Seite 2 bis 3 Minuten goldbraun braten.
Zubereitungszeit: 20 Minuten.

Frikadellen mit Sauerkraut

Zutaten für 36 Frikadellen:
2 Dosen Sauerkraut (Klostergarten, 810 ml)
1 El Olivenöl (Lorena)
1 Zwiebel
400 g gekochter Hinterschinken (Gut Drei Eichen)
50 g Butter
3 El Mehl
5 Eier
1 El Tafelsenf (Heiden)
1 Tl flüssige Würze (Pottkieker)
4 El Cornflakes

Den Schinken und die Zwiebel klein hacken. Das Öl in einer Pfanne auf mittlerer Stufe erhitzen und die Zwiebel darin etwa 5 Minuten glasig dünsten. In eine große Schüssel geben. Sauerkraut, Schinken, Mehl, 2 Eier, Senf und flüssige Würze zufügen und gut mischen. Die Sauerkrautmischung in einer Pfanne verteilen und bei mittlerer Hitze 10 Minuten unter Rühren garen. Vom Herd nehmen und die Masse zu walnussgroßen Kugeln formen. Die Kugeln zu 5 bis 6 mm dicken Frikadellen zusammendrücken. Die restlichen 3 Eier in einer flachen Schale leicht schlagen. Die Cornflakes klein drücken und in eine andere Schale geben. Die Frikadellen erst im Ei, dann in den Cornflakes wenden. Die Butter in der Pfanne zerlassen und die Frikadellen bei mittlerer Hitze 4 bis 5 Minuten braten. Sofort servieren!
Zubereitungszeit: insgesamt 30 Minuten.

Frischkäse-Röllchen

Zutaten für 16 Röllchen:
16 Scheiben Toastbrot, ohne Rinde (Goldähren)
220 g Butter
2 Eigelbe
240 g Frischkäse (Bayernland oder Norderland)
150 g Zucker (Diadem)
1 Tl Zimt (Portland)
200 g Sahne (Milsani)
Erdbeerkonfitüre (Grandessa oder Tamara)

Den Ofen auf 200°C vorheizen. Das Backblech mit Butter leicht einfetten. Die Butter in der Pfanne zerlassen. Den Frischkäse und 100 g Zucker in einer Schüssel zu einer glatten Masse rühren. Die Eigelbe zufügen und gut untermischen. Die Toastscheiben auf einer ebenen Fläche dünn aufrollen, anschließend mit der Frischkäsemischung bestreichen. Die Toastscheiben zusammenrollen und in die geschmolzene Butter tauchen. Auf das Backblech legen, mit Zimt und dem restlichen Zucker bestreuen. 8 bis 10 Minuten auf der mittleren Schiene goldbraun backen. Die Röllchen mit der geschlagenen Sahne und Konfitüre servieren.
Zubereitungszeit: 25 Minuten.

Käse-Tomaten-Kanapees

Zutaten für 12 Kanapees:
12 Scheiben Weißbrot
2 große Tomaten
1 grüne Paprika
3 El Olivenöl (Lorena)
170 g Gouda
1/2 Tl Jodsalz
1 Msp. Paprika edelsüß (Portland)

Den Ofen auf 190° C vorheizen. Aus den Weißbrotscheiben 12 Kreise mit 9 cm Durchmesser stechen. Die Tomaten in 12 Scheiben schneiden (Stielansätze entfernen!). 1 El Öl in einer Bratpfanne bei mittlerer Temperatur erhitzen und die Brotkreise 1 bis 2 Minuten einseitig rösten, bis sie auf der Unterseite etwas braun werden. Den Gouda in eine Schüssel grob reiben, Salz und Paprika zufügen und zur Seite stellen. Die Paprika in kleine Würfel zerhacken. Die Brotkreise auf der nicht gerösteten Seite mit den restlichen 2 El Olivenöl bestreichen und mit je einer Tomatenscheibe belegen. Mit der Goudamischung bestreuen und auf ein Backblech legen. 3 bis 4 Minuten auf mittlerer Schiene backen, bis der Käse schmilzt. Mit den Paprikawürfeln garnieren.
Zubereitungszeit: 30 Minuten.

Oliven in Speck

Zutaten für 8 Spießchen:
8 Oliven mit Füllung
1 El Frischkäse (Bayernland oder Norderland)
8 Streifen Frühstücksspeck

Den Grill vorheizen. Die Oliven längs halbieren und etwas Frischkäse auf eine der Hälften geben. Danach die Hälften wieder zusammengeben – der Frischkäse hält sie zusammen. Jede Olive in einen Speckstreifen wickeln und mit einem Holzspießchen befestigen. Die Speckrollen auf ein Backblech legen und 3 bis 4 Minuten knusprig grillen. Sofort servieren.
Zubereitungszeit: 10 Minuten.

Thunfisch-Röllchen

Zutaten für 42 Röllchen:
70 g Thunfisch in Wasser Dose)
120 ml Mayonnaise (delicado)
1/2 Tl Currypulver (Portland)
Jodsalz
7 Tl Butter
14 dünne Scheiben Vollkornbrot
1 Tl Paprika edelsüß (Portland)

Den abgetropften Thunfisch zerkleinern und mit Mayonnaise sowie Currypulver vermischen. Die Brotscheiben dünn mit Butter bestreichen, die Thunfischmasse auf den Brotscheiben verteilen und mit Paprikapulver bestreuen. Jede Brotscheibe vorsichtig zu einer festen Rolle formen, mit Frischhaltefolie umwickeln und mindestens zwei Stunden kühl stellen. Danach jedes Röllchen dritteln, mit Holzspießchen fixieren und servieren.
Zubereitungszeit: 20 Minuten.

... und was gibt's zu trinken?

Bei jeder Party will auch getrunken werden. Aldi hat für jeden Geschmack etwas im Angebot: Ob Bier, Rot- oder Weißwein, ob Sekt oder Champagner, ob Schnaps oder alkoholfreie Getränke – es gibt viele preiswerte Durstlöscher, mit denen Sie Ihre Gäste bewirten können. Oder Sie überraschen Ihren Besuch mit einer Bowle! Keine Angst, so ein Getränk lässt sich schnell und problemlos herstellen – Sie müssen die Bowle nur rechtzeitig ansetzen, weil sie eine Weile ziehen muss.

Kalte Ente
Zutaten für 2 1/4 Liter:
1 Zitrone (ungespritzt)
2 Flaschen Moselwein
1 Flasche Sekt

Die Schale der gewaschenen Zitrone spiralförmig abschälen und in ein Bowlengefäß hängen. Die zwei Flaschen Wein darüber gießen und zugedeckt 2 Stunden ziehen lassen. Dann den eisgekühlten Sekt zugeben. Vor dem Servieren die Zitronenspirale aus dem Gefäß nehmen, sonst wird die Kalte Ente bitter. Zubereitungszeit: insgesamt 10 Minuten plus Wartezeit.

Erdbeerbowle
Zutaten für 3 Liter:
500 g Erdbeeren
2 Flaschen Rheinwein
2 Flaschen Sekt
Die großen Erdbeeren halbieren. Die Früchte mit einer Flasche Wein begießen und 15 Minuten ziehen lassen. Anschließend

den restlichen Wein und Sekt zugeben.
Zubereitungszeit: insgesamt 10 Minuten plus Wartezeit.

Gurkenbowle
Zutaten für 2 1/4 Liter:
1 Salatgurke
1 Zitrone
1 Orange
2 Flaschen Moselwein
1 Flasche Sekt

Die ungeschälte Salatgurke und die ebenfalls ungeschälten Zitrusfrüchte abwaschen und in Scheiben schneiden, mit einer Flasche Wein aufgießen und zugedeckt eine Stunde ziehen lassen. Dann mit dem restlichen Wein und Sekt auffüllen.
Zubereitungszeit: insgesamt 10 Minuten plus Wartezeit.
Tipp: Wenn der Alkoholpegel nicht so stark ansteigen soll, nehmen Sie statt des Sekts eine Flasche Mineralwasser.

Rezeptverzeichnis

15-Minuten-Gerichte

156

30-Minuten-Gerichte

Schnelle Gerichte für Gäste

Literaturverzeichnis

Sonja Carlsson/Gerhard Hörner: *Die Aldi-Diät*, Econ Taschenbuch Verlag, München

Wolfgang Elsner: *Schlank und fit mit Aldi.* Econ Taschenbuch Verlag, München

Heidrun Fronek: *Kochen mit Aldi*, Südwest Verlag, München

Heidrun Fronek: *Party mit Aldi,* Südwest Verlag, München

Ernest Richter: *Schlank und gesund*, Prisma-Verlag, Salzburg